美人予告!

「スピ美容術」でかわいくなる私の方法

— Hoshino Miwa —

序章

「ブス」という名の思い込みが解かれる時

決してホラーではありませんが、ゾッとする実話です。


家の廊下に大量の髪の毛が落ちているのを発見してしまったのです。

犬が季節の変わり目にゴソッと毛が抜ける、あんな感じの毛のかたまり。

でも、どう見ても私の髪の毛がゴソッと廊下のすみに溜まっているのです。

出産したばかりだし、体力的にも精神的にも負担がかかることを経験したのだから、もしかしたらまた大きな円形脱毛ができてしまったのかな……と思いました。

しかし、夫に確認してもらっても、私に円形脱毛は「できていない」というのです。


こんなに大量に髪の毛が落ちているのに？

不思議に思いながら、毎朝、廊下の掃除をしていましたが、翌朝にはまた髪の毛が大量に落ちている。

やっぱりおかしいな……と思いながらふと自分の腕に目をやった時、永久脱毛をしていないはずの私の腕のウブ毛がツルッツルになっていることに気がついたのです。

あれ？　足は？　そう思って足を見てもやはり同じ、ツルッツルのムダ毛ゼロ。

えっ？　おかしい。そう思って、鏡に目をやった私が見たものは……。

私の人生は、つい数年前まで、その幼少期も、小中高と明るく楽しいはずの学生時代も、社会人生活も、そして結婚・出産を経てからも、「かわいい」「綺麗」とは無縁の世界にありました。

特に幼少期から学生時代は「ブス」なんて言われることがしょっちゅう！

これはいじめだとは認識していませんでしたが、いじめとかそういう枠ではなくてもそんな言葉をかけられることもあったのでした。

二十歳になった頃なんて、ダメンズを引き寄せては、多大なストレスから円形脱毛症がいくつもでき、以来、髪が抜けてはまた生えての繰り返しで、いつしかひとつやふたつの円形脱毛になら驚かなくなっていました。

そんな経験が続きはしましたが、私は結婚・出産を経て、やっと人並みの幸せを感じることができる……そう思っていた矢先のことでした。

あの日、鏡に映っていたのは、眉毛とまつ毛の抜け落ちた自分の「見たことのない顔」でした。

そうです。冒頭の毛のかたまりは、やはり私のものでした。

円形脱毛ができていたわけではなく、頭髪も含め全身の毛が抜け落ちていたのです。

円形脱毛には慣れていた私も、これはいつもとは違う何かが起きている、ということを容易に感じられた瞬間でした。

私が「知らないおばさん」になっていくまで

しかし、この時はまだ、出産を経験された方が口々に言う、「産後は髪が抜けやすい」という状態なのかも？　ホルモンバランスが乱れているのかな？　くらいに軽く受け止めておきたいという思いもあり、誰にも相談せずにいたんです。

「眉毛とまつ毛がないだけで、こんなにも人の顔って変わるの？」、「私が私ではなくなる」そんな恐怖を鏡の中の自分に感じてはいても、誰にも言えずにいたんですね。

でもその小さく収めたかった恐怖はそれほど時間を置かずに本物の恐怖を呼ぶこととなりました。

脱毛だけではなく体重がどんどん増えていってしまったのです。

女性であれば体重の増減は、それだけで一喜一憂の原因になりますよね？

妊娠期間中に体重が9キロ増えた私ですが、「産後は授乳によってそれまで蓄えられていた脂肪や血液が母乳に変わり、自然とやせていくよ」と周りから聞いていたこともあり、出産したら自然とやせていくものだとばかり思っていました。

その言葉通り、私も出産直後はスルスルと体重が減っていき、気づいたら産後1ヶ月で11キロもやせていたんです。

何もしなくても日々やせていくので、こんなにも妊娠中に蓄えていたんだな〜くらいにしか考えていませんでした。

それが全身の脱毛に気づいた頃辺りから、今度はどんどん体重が増えていったのです。何もしなくてもやせていくようだからと、それまで何も気にすることなく食べていたせいだと思い、それから食事を制限してみたものの、それでもどんどん太っていくのです。

ならば水分を減らしてみよう、と試してみてもなぜだかますます太っていきます。

結果、2週間で7キロほど太った私の顔はまん丸に。

眉毛もなければ、まつ毛もなく、一体誰なの？　ととまどうほどになってしまいました。

気づけば顔の色も茶色く、そこで水分も控えていたせいで全くトイレに行かなくなっていたことにハッとし、これはもしかして肝臓とか腎臓とかそういう病気なのかな？　と思うに至りました。

でも、小さな乳幼児を抱えていたため、病院に行くことも後回しにしてしまいました。

そうして、そんな状態を半年も放置していた私はついに母乳が出なくなり、助産院に駆け込むこととなります。

ベテランの助産師さんに「何か変わったことはなかった？」と聞かれて、そこで初めて今までの症状を話し、さらにはここ数日はペンを持つこともお箸を持つこともできなくなるほど筋力が落ちているということを話しました。

その頃の私は階段を一段も下りることができないほどに筋力が低下しているのを感じていましたし、赤ちゃんを抱っこすることさえできなくなって、ほぼ寝たきりとなっていたんです。

すると助産師さんは「もしかして甲状腺かも……」と言って、すぐに甲状腺に詳しい病院に行くように勧めてくださいました。

私はその足で甲状腺を診てくれる病院に行きました。

そこで告げられたのは、「今までにも例がないほどの甲状腺の数値（※）が出ている」という、自分でも理解のできない病状でした。

※甲状腺刺激ホルモン（ＴＳＨ）という値が、一般女性の場合０・５～５mU／Ｌに対し、この時の私は「１８９」という異常値を叩き出していたのです。脳下垂体から分泌される甲状腺刺激ホルモンが多かったり、不足したりすることによって甲状腺自体が機能しなくなり、心臓病とよく似た症状で心不全の原因となることもあると言われています。自治体によっては難病指定とされることもあるのですが、私の住む宮城県では難病扱いにはなっておりません。

経産婦さん二十人に一人の割合で甲状腺の異常が出るらしいのですが、ほとんどの方は知らず知らずのうちに治っていくのだそう。

産後うつというのは、甲状腺が悪さしているという説もありますね。

私の場合はそれが悪化の一途を辿っていたわけなのです。

産後すぐに11キロもやせたのは産後の影響ではなく甲状腺機能亢進症《こうしんしょう》という、バセドウ病によるものだったようで、そのまま放置していたがためにバセドウ病とは真逆の性質を持つ、甲状腺機能低下症である橋本病という病気を誘発してしまっていたのです。

真逆の性質を持つのですから、どんどん太ってしまったのはこの病気の症状だったのですね。

すでに半年も経っていたことから、筋ジストロフィーを疑われる数値（※）まで出てしまい、手足の筋肉も本当に弱ってしまったのです。
※真逆の性質を同時に持つ私は慢性甲状腺炎と診断されています。慢性甲状腺炎には多発筋炎や重症筋無力症が合併することがあると報告されています。私の場合は筋肉が次第に低下して歩行困難となっていたのです。

さらには顔色が茶色くなる症状は腎臓が機能しなくなっていたからということも判明。

お箸も持てなくて食事もできないのに、ただ太っていく。

水分を摂っていないのにどんどんむくみ、まぶたがパンパン。

さらには眉毛もまつ毛もない私を鏡で見ては、「自分ではないみたい」、「誰？　このおばさん」としか思えない。

おまけに頭の中で思っている言葉が口から出てこない「失語症」にもなる始末。

こんな時こそ目の前の家族を安心させたいのに、その言葉さえ発せられないのでした。

それなのに、昔、顔すら覚えていない誰かに言われた「ブス」という言葉がどこからか響いてきて、今鏡の向こうにいる私こそ、「ブス」そのものではないかと心を萎縮させていくのだけはわかりました。

小さな錠剤で保つ日常と心の変化

その後は検査で病気に対する治療法もわかり、小さなホルモンの錠剤を飲み始めたら、嘘のように症状が治っていきました。

ホルモン剤を飲み始め、だんだんと以前の自分へと顔や体が戻っていき、これでもう大丈夫、なんて思っていた矢先でした。

東日本大震災が起きました。

宮城県に住んでいる私は、どこもかしこも野戦病院と化している状況を見ていたので、甲状腺の病気くらいでは病院に行けない心境となり、日に日に減っていくホルモン剤を心配しながら数えていました。

その度に「もう、この薬がなくては私はいつもどおりの生活を送れなくなってしまうのではないか」という大きな不安が押し寄せてくるのでした。

しかし同時に「薬がなくても、私が私でいられるようになれないものだろうか？」と思うようになったきっかけでもあったのです。

とはいえ震災後しばらくすると薬も手に入り、今までどおり服薬を続けることとなり、「一生、この薬を飲み続けてくださいね」とお医者様から告げられ、一旦、気持ちにフタをしました。

それから2年間服薬を続けたのち、次女を妊娠しました。甲状腺疾患がある人にとって、妊娠・出産は大きな外因ストレスを生じます。

そのため、大きな総合病院で、産婦人科と内分泌科で連携を取ってくださり、甲状腺を管理してもらいつつ次女の出産に挑みました。

生まれてからももちろん内分泌科への通院は必須で、ここでもやはり薬の調整が産後の私の状態を保たせるために必要なこととなりました。

しっかり薬を飲んでいたおかげで、次女を出産したあとは前回のような甲状腺の症状は比較的抑えられ、脱毛や失語などの症状は起こりませんでした。

このように日常を取り戻させてくれた薬には本当に感謝しています。

でもこの頃再び「なんとか薬をやめられないかな」という思いを日々募らせていました。

そして、この二度目の出産は、一度目の産後、鏡の向こうで目が合った知らないおばさんと化した自分をフラッシュバックさせたのです。

「またこのままずっとおばさんで生きていくのかな」

「一生に一度くらいはかわいくなってみたい！」

「思いっきり自分の人生を生きてみたい！」

それまではおこがましいと思っていたそんな思いも自然と抱けるようになっていました。

「かわいい」へ踏み込む準備

……とはいえ、私にはその「かわいくなれる要素」が全くありませんでした。

それどころか幼少期から「ブス」として生きていたので、美に関してもマインドが非常に低かったのです。

ここからどう、立て直していこうか……とふと、落ち込みそうになっても長女を出産した時よりも産後の状態が良かった私は、体力も思考も健やかに保つことができていたので、せっかくのこの機会をチャンスととらえ、「私の底辺マインドを変えたい！」と思うに至りました。

でも、底辺マインドを変えるって？　何をどうすればいいんだろう？


「自分が何をしたいのか？」

「私とは一体何者なのか？」

「この地球に生まれた理由はなんなのか？」


そういうことから深く知りたくなったのです。

そして産後間もなくから、そのような発信をされているブロガーさんやセミナー講師の方のもとへとお話を聞きに出向くようになりました。

運命を変える美女との遭遇

ある日、私は某セミナー講師の方のお話を聞きに会場に出向いていました。

すると、私の目の前を、とてつもない美女が通り過ぎたのです。

もちろんその美女はたまたま通り過ぎただけで、お名前も、お仕事も、何をされている方なのかも存じ上げません。

彼女は、直視できないほどのオーラをまとっている美女でした。

私は息を呑み、その美女とすれ違う瞬間、ある体験をしました。

美女から振りまかれた「金粉」のようなエネルギーが私の周りさえも取り囲んだのです。

目を疑うような、自分の脳みそを疑うような、そんな瞬間でした。

今でこそ目に見えない力の存在は信じていますが、この時はまだ、非科学的な現象、いわば、スピリチュアルと呼ばれるものを毛嫌いしていましたから、感覚的なもの、ましてやあるわけないと思っていた現象の中に自分がいることに混乱してしまったのです。

とはいえ、本当に金粉オーラのようなものが、彼女の周りには舞っていたのです。

溢れんばかりの金粉が降り注いでいたのです。

それまでの人生を「ブス」として生きてきた私ですら、その金粉を少しばかり頂戴して身にまとうことができたら、自分もかわいくなれるのではないか？

「あの人のオーラがすごい！」と周囲の人に感じ取ってもらえるのではないか？

なぜなのか、とても安易すぎるのですが、その時の私はそう感じてしまったのです。

ん⁇　待って。

かわいくなる、綺麗になる、ってひょっとしてオーラを変えたり、エネルギーを変えたりすること？　だとすると誰にでもそのチャンスはあるのではないか？

私が抱えていたのは、もしかして「ブス」という名の思い込みだったのではないか？

私は「ブス」として生きていきます、と自分で決めてしまっていたのではないか？

今、思うとなぜそんなことをその瞬間に考えたのかはわかりません。

ただ、その一瞬で、決意をしたのでした。


「一生に一度の人生、私はこの先、かわいく生きる！」と。


でも、どうやって？

そうです。


「自分のエネルギーを味方につける」

という、いとも簡単な方法で私はかわいくなると決めたのでした。

ブックデザイン　高岡聰
イラストレーター　ナルセナギ
校正　鴎来堂
本文仮名書体　文麗仮名（キャップス）

CONTENTS

第2章

なぜ思い通りにかわいくならないのか？

第3章

自分を認められる力を身につけるためにしなければならないこと　105

第4章

第5章

きらめきが連鎖する力を味方にするためにしなければならないこと　181

第1章

「スピ美容術」でかわいくなるために必要な3つのこと

アカシックリーディングは「自分を認められる力」をくれる

「自分を認める」

「自分を信じられるようになる」


これって、難しいようでとても簡単で、簡単なようでとても奥が深いことだと思います。

誰もが憧れる著名な方でも「自分のことは自分が一番わからない」なんて言っているのを耳にするので、きっと多くの人の課題なのではないかと思います。

ああ、あんなに有名な人でも自分のことがわからないんだな、と。

実際に私も長い間、「自分を信じる」ということができないまま生きてきましたから。

誰かに決めてもらう方が圧倒的にラクでしたし、逆に誰かと一緒でなければ何もできませんでした。

実は私、マクドナルドでさえも一人で入る勇気がなかったんですよ！（笑）

一人で入ったとして、メニューを決められないから、店員さんに嫌な顔をされるのでは？　なんて思っていたんです。

そんな私がなぜ、「自分を信じる」ということに挑戦しようと思ったのか？

それは、誰かに決めてもらうという行為は、結局、自分のやりたいことではないことに時間を割いても良いと自分で認めていることだと気づいたから。

このままだと自分の行きたい場所があったとしても、その道を見つけるのでさえとても時間がかかってしまう。

これってわざわざ自分から望んで遠回りをしているのではないか？　と思うようになったからなのです。

当たり前なんですけどね。


自分で決めるということができたらどんなに人生が変わるだろう？

大袈裟なようですが、私はこのことに向き合おうと、初めて「自分で決めた」のです。


そこで出会ったのが、「アカシックリーディング」というものでした。

自分が何者で、なんのために地球に来たのかを知りたくなった私は、いつの間にか、占いや○○セラピー、ヒーリング効果の高いものなどにあれこれ通うようになっていました。

以前の私は、占いやスピリチュアルというものに対して懐疑心しか持っていなかったのに、いつの間にかその苦手意識が薄れ、自分を知るために興味が湧いてどんどん足を踏み入れるようになっていたのでした。

その頃の私は、誰かに決めてもらうことが全てでしたから、いつの間にか占いには相当頼るようになっていたわけです。

そんな中で耳にしたのが「アカシックリーディング」という言葉でした。

アカシックリーディングというのは、どうやら占いではないらしい。統計学でもないらしい。霊視？　なんか違うみたい。

なにやら、自分が地球にやってきた使命を知ることができたり、魂の願いを聞くことができたりするらしい。

人間の過去世から未来までがアカシックレコードというところに記録されていて、そこにアクセスできれば自分の情報も取りだせるらしいということまでは調べてみたものの、それ以上はなんだかよくわからないままに、飛びつくようにセッションを受けることにしたんです。

正直、どこかフワフワしていて、裏付けのないものだな、とも思いましたが、目に見えない世界に興味が湧いていた頃だったし、思い切って受けてみたんです。

それからというもの、私はアカシックリーディングというものに妙に興味を持ってしまい、自分でもリーディングができるようになったらいいな、くらいの軽い気持ちで、アカシックリーダーになれるという講座を受講したのでした。

受講後しばらくは、果たして私にリーディングができるのだろうか？　と常に自分を疑う日々が続きます。それから1ヶ月ほど経った頃、私は同時期にアカシックリーディングの講座を受講した仲間たち数人と、自分たちのリーディングを練習し合う「交換リーディング」をする講座に参加していました。そこで自分のリーディングしたものと、他の方がリーディングしたものが一致したりと、自分のリーディングで見えたものに自信が持てる体験をすることができたのです。

とてもささやかなことなのですが「自分に自信を持てる」という経験を私はここで得る

ことができたのですね。

それは「自分の顔に自信が持てる」とかそういう外見的なもの、たとえば、新作のコスメを手に入れて使用した直後の「何だか良い感じ」などという一時の自信とは格段に違うものなのでした。


自分のやっていることに自信を持った私は、その講座に参加した日の夜に自分がリーディングする側としてアカシックリーディングのセッションの募集を始めました。

それは、もちろん急なスタートでした。

まさか私が誰かのためにリーディングを行うなんてその日の朝にすら考えていなかったのです。

あくまで、自分に自信を持つためだけにアカシックリーディングを習得したかったのですから。

星が流れだした夜

あなたの使命
あなた自身が彗星のように流れを止めず、誰かに追いかけてきてもらうこと、
そして「あなたも私みたいになれるんだよ！」とお伝えしていくこと。

こちら、誰のリーディング結果で出た使命だと思いますか？


実は、私の使命なのです。

もちろん、自分に自信がなかった私ですから、読み取った当初は、そんな使命……おこがましい……とさえ感じました。


それでも、何度リーディングしても私の使命だと出てきてしまう。

ならばこれはひとつ形にしてみよう。

自信のなかった私が少しの希望を持てたように、そのきっかけとなれるような何か。

そうだ！「あなたも自信を持てば、内面だけでなく、外見だって綺麗になれるよ！」というアカシックリーディングのセッションをスタートさせよう。

あの夜、そう決めたのです。

その名も「綺麗になるアカシックリーディング」というセッションタイトル。


自分のやっていることに自信を持てた、というだけで、明らかに顔つきや自分を取り巻くエネルギーは変わるということを知ってしまったから。

とても短期間での変化にも関わらず、明らかにあの時の、産後のひどい形相のおばさんとは別人の私となっていることを実感してしまった私だから提案できるセッション。


しかし、そこはまだ美容とは縁遠い存在であった私。

髪も抜け、肌もガサガサに荒れて、お化粧をする気もない。

外出は通院と子どものおむつを買いに行く時だけだからファッションにも気を使わない。

いつもグレーのニットにプチプラのデニムで足元は脱ぎ履き楽なボロボロのVANS。

その格好で人前に出るわけにもいかないなと思い、セッション当日、ちょっとだけおしゃれしてお客様を待ち、私のアカシックリーダーとしての活動がスタートしました。

セルフアカシックリーディング

改めまして、アカシックリーディングとは、
・宇宙の図書館にアクセスする
・過去や未来を見ることができる
・アカシックレコードにアクセスすることによって、生まれてきた使命がわかる
など、あらゆることがわかるリーディング法と言われています。

けれども、私にとってこのアカシックリーディングの一番の利点は、「自分を認められる力が身につくこと」だと思うのです。

これについてはアカシックリーダーとして活動されている方、それぞれの意見があると思うので、あくまで私の考えということになるのですが、私がアカシックリーディングと出会って、人生が変わったのは「自分を認められる力がついたこと」これに尽きると思っているのですね。

そんな簡単なこと？

アカシックリーディング以外でも身につけられるんじゃない？

と思われるかもしれませんが、すでにこの本をお読みの方はおわかりですよね。

スピリチュアルの道に惹かれる方は、人生において何か大きな壁にぶつかった経験があったり、自分がなぜこの世界に生きているのか？　という疑問が心の中に常にあったり、
または、なぜこの地球に来てしまったんだろうと漠然と考えてしまう……という方が多いと思います。

私もその一人だったんですね。


私も、なぜ、今生きているのか。なぜ生まれてきたのか。誰にも何にも貢献できない私が生まれてきた意味なんてあるのか。そんな風に思っていました。

この思考は長く続き、結果的に「自分に対する不信感」を抱いてしまったり、「自分なんてダメな人間なんだ」と激しく卑下してしまったりする性格となっていたのです。

いわば、私のマインドは人生で一番のドン底に落ちていたのかもしれません。

そのドン底で知ったアカシックリーディングによって自分を認められるかもしれないという感覚を得たこと、その大きな衝撃は今でも忘れることはできません。

何を言いたいのかというと、自分を変えることというのは、「自分を認める」ことができれば、今、この瞬間からできてしまうということなのです。

本を手にとったあなたにも今、この瞬間から「自分を認めること」をやってみよう！　と思っていただけたら嬉しいです！

私の場合、この「自分を認められる力を身につけること」は何よりも大きな効用を発揮し、簡単に「かわいくなること」に大きく近づけることとなりました。

ですから、「自分を認められる力を身につけること」は、あなたにも一番先に手に入れて欲しい魔法です。

「魔法」と言っても、特に修業をするわけではありません。

簡単に身につけられるからこそ魔法なのです。

私は普段アカシックリーダーとして多方面で活動していきたい方へ向けての講座を開催していますが、本当のところ、「かわいくなるアカシックリーディング」も得意分野！

かわいくなるためのアカシックリーディングであれば、いつでもどこでも簡単に行うことができますので、今回はその方法をお伝えしてまいります。

ぜひ、あなたも実践しながら読み進めてみてくださいね。

早速、おうちで簡単にできるアカシックリーディングの実践法についてご紹介します。

大丈夫です、特別な力や、霊感がなくたって、どなたにでもできる方法ですので、安心して実践してみてください！

―自分を認める力をつける第一歩〈セルフアカシックリーディング〉―

ミネラルウォーター2リットル×3本を事前に準備しておいてください。

(できれば上質な水を用意してください)

1.ミネラルウォーター2リットルを1日かけて飲むようにしてください。

一気に飲まず、少しずつチョビチョビ飲むように、心がけてください。

飲み慣れないと全く進まないと思うのですが、かわいくなるためだと思ってやってみてくださいね。

お水を口に含んだら、その水が喉を通り胃を通るのを感じてください。

細胞の隅々にまで染み渡るのを感じてください。

お水は冷えていなくて大丈夫です。常温か白湯《さゆ》で摂取してください。

私は朝起きて1杯目は白湯でいただき、そのあとは常温のお水を飲むようにしています。

ちなみに、お仕事のある日でも実践できますが、トイレが近くなるので、取り組むならお休みの日をオススメしています。

2.食事は特に制限はありませんので、いつも通り、好きなものを食べていただいて構いません。
アカシックリーディング中は甘いものやお菓子が欲しくなりがちなので、そのあたりも好きに摂っていただいて構いません。

さらにはなんだか眠くなったりしますが、そんな時は寝てしまっても構いません。

それでは、お水をチョビチョビ飲みながら、セルフアカシックリーディングというものを始めてみようと思います。

冒頭でもお伝えしたとおり、私はアカシックリーディングの一番の効果は、「自分を認められる力がつくこと」だと感じています。

ですので、ここで実践していただくセルフアカシックリーディングでは、宇宙の図書館にアクセスする、とか、過去世にアクセスする、ということは考えなくても大丈夫です。

3.それでは目を瞑って、ゆっくりと深い呼吸をしましょう。

ゆっくりとした質の良い深呼吸を意識してください。

鼻から吸って、口から細く長く吐いて。

忙しい毎日から、ちょっと離れるような気持ちで、ゆっくり深呼吸をしながら、何も考えないでいられるようになるまで、呼吸を整えてください。

思考を停止させてください。眠りに落ちそうになってもそれで大丈夫です。

大きく呼吸をする、質の良い深呼吸をするということは、願っているイメージさえも吸い込んでしまうほどの力を持っています。

今、あなたはかわいくなりたい！　綺麗になるんだ！　と願っています。

どんなイメージを持ってかわいくなりたいと思いますか？


女優の○○さんみたいになりたい！

アイドルの○○ちゃんみたいになりたい！

インフルエンサーの○○さんみたいに活躍したい！

目を瞑りながら、どんな風にかわいくなりたいかを具体的にイメージをしてみてください。

イメージが鮮やかであればあるほど好ましいです。


思い浮かべている時に、「私には無理」と一瞬後ろ向きな感情が芽生えてしまっても大丈夫です。

「無理だと思っているんだ」という事実を捕まえておいてくださいね。

特に深掘りする必要もありません。

無理だと思っている自分がいる。

だけど○○ちゃんはかわいい♡憧れる〜♡というスタンスでイメージできたらOK。

ダメもとでイメージしてみよう！　そんな軽い気持ちで大丈夫です。

例えばですが「私はミッキーマウスになりたい！」と願ったとします。

そしてイメージします。


「ミッキーマウスになりたい！」


……って無理な話だよね、あの顔カタチ、着ぐるみ？　どうやってなるのよ！（笑）

ってなりますよね。

それでもみんなに笑顔を与えるミッキーのようになりたい！

ミッキーは天使♡そんな感じのイメージの仕方で良いんです！

ミッキーは大袈裟な例えですが、有名人でもアイドルでも、同じように考えてください。

アカシックリーディングではイメージングがとても大切になってきます。

あまり難しく考えずニヤニヤ妄想するくらいの感じで挑戦してみてくださいね！

あなたがもし「私には無理」と思ったとします。
それでもここまで実践してみようと思ったこと自体が素晴らしいこと。
決して自分に対してダメ出しをしないでください。
そこで止まらないでください。

そしてイメージングが上手にできたというあなたも同様に、ここまで実践したことが第一段階のゴールです。
ちょっとだけ自信を持ってみてください。

4.目を瞑ったままで、思いっ切り口角を上げてみてください。
深く深く呼吸をしながら、呼吸と共にそのイメージを吸い込んでください。
あなたの憧れのあの人の香りはどんな香りですか？
それもまたイメージで吸い込んでみてください。
ゆっくりとあなたの中に浸透していきます。

5.そして、あなたの胸に両手を置いて深く呼吸を整えてください。
胸の中央、みぞおちのあたりに白く光る存在を感じるはずです。


あなたの魂です。

あなたの魂は強く強く美しく光っています。


ちょっと恥ずかしいかもしれませんが、ここで口に出して欲しい言葉があります。

宇宙の誕生と共に生きてきたあなたの美しい魂へ、

「ありがとう。感謝しています」


と感謝の言葉をかけてください。

光がさらに強い光を放つのを感じていただけるでしょうか?

あなたの魂を感じたら、また深呼吸をして呼吸を整え、そしてゆっくりと目を開けてください。

これでセルフアカシックリーディングは終了です。


ね？　簡単だったでしょう？

終えた後はまたお水を飲んでください。1日に2リットル、慣れないとキツイのですが、これもかわいくなるためです。飲んでみてくださいね。

特にアカシックレコードにアクセスする、というような行程はここには入れてはおりませんが、あなたの魂が強く美しい光を放っているというイメージが持てれば大丈夫。

または強く白い光で何も見えないという場合も、それで大丈夫です。

強い光が見えたということが大きな第一歩！

あなたの魂を感じることができれば、その時からエネルギーが回りはじめます。

この行程を3日間続けてください。

朝でも寝る前でも、ゆっくりとした時間を取れる時の方が好ましいです。

断食よりは簡単なのではないかなと思います。


全く何も見えませんでした……という場合でも、ガッカリしないでください。

もし途中で、雑念が入って他のことを考えてしまった、というのであればそのことを書き留めておいてください。

実は、後々にあなたに必要なメッセージとなる可能性が高いのです。

ポイントは見えたものが何であれ、「え？　こんなものが見えたけどいいのかな」と、恥ずかしさのあまり、なかったことにしないで欲しいということ。

ありのままを残してください。

なかったことにしない、見えなかったことにしない、ということが重要です。

あなたの見えたものが全てです。

それこそが自分に自信を持つ練習となりますよ！


この行程を3日間続けていくと、トイレがだいぶ近くなるかと思うのですが、それはその分しっかりとデトックスが行われている証拠。

もしかすると口にするものもそれまでより考えながら食べるような自分に変化しているかもしれません。

たった3日ですが、食事制限せずともスルッとやせていく場合もあるんですよ！

これはお水を摂取した以外にも、3日間の簡単なセルフアカシックリーディングによって、自分の魂から「かわいくなりたい！」「綺麗になりたい！」と願ったことが叶っていく前触れでもあるのです。

私も、橋本病という病気になってから全くやせられずにいたのですが、この方法はとても簡単で、しかも普段通り食事も摂れるので、ラクしてやせることができました。

当たり前のように飲んでいたお水も、私たちの生活には欠かせないものであり、当たり前に吸っていた空気も、私たちが生きるのには欠かせないものであるということを意識しながらのセルフアカシックリーディング。

あなたの中で眠っていたものが呼び起こされるのを感じることでしょう。

その感覚は「スピ美容術」に欠かせない要素です。

「それ」を忘れない方法

このセルフアカシックリーディングを行ったら、その日から3週間を目安に、気をつけていただきたいことがあります。

人は21日目には「それ」を忘れようとしてしまうということ。

「それ」というのは21日前にあなたが決めて取り組もうとしたことです。

「かわいくなりたい！」と願っても、うまい具合に忘れようとする力が発生するのですね。

情報が多い現代ですから、次から次へと新しい情報が入ってきたら、そりゃあ脳だって古いものを忘れさせようとしますよね。

そこで、私がお勧めしているのは、美顔アプリで毎日自撮りをすること。

普通のカメラモードではなく、美顔アプリというところがミソなんですね。

最初のうちは盛りすぎなくらい、加工しすぎなくらいでも良いでしょう。

毎日撮っているうちに、加工しすぎかな？　盛りすぎかな？　と思えてきたら、どんどんナチュラルにシフトチェンジしていってください。

とにかく毎日撮って欲しいのです。

あなたはただ自撮りをしているのではありません。

「かわいくなる」魔法を自分で自分にかけています。

ここを大袈裟なくらい信じてみて欲しいのです。

セルフアカシックリーディングを体験したあなたは、「自分を認められる力がある」ということをすでに感じ始めています。

本当にここが一番重要な部分なんです。


あなたには自分に「かわいくなる魔法」が使えるということをここで思いっきり信じてみて欲しいのです。

すると3週間経った頃には、自撮りも上手になっていろんな顔の自分を知ることができているはず。

たかが3週間ですが、されど3週間なのです。

そして何より、リアルなお顔も最初に撮った盛りすぎに加工した自分のお顔に徐々に近づいていたということを目で見て実感できるはずです。

実際に私も変化を感じたので、ぜひ照れを捨ててやってみてください！

さらにはこのチャレンジ中に気づかれた方もいらっしゃるかと思います。

ママさんならばあるあるでしょうか、スマホの画像フォルダー、子どもの写真ばかりになっていませんでしたか？

気づけば自分の写真がなかった！ なんてことありましたよね？

あなたは誰なのですか？ 自分の顔が消えてはいませんか？

私が幼稚園の保護者LINEグループに入った時に衝撃を受けた話です。

その時、私はすでにアカシックリーダーとして活動していたのですが、だからと言って個人LINEを仕事に使うことはなく、プライベートでしか使用していませんでした。

そのため、そこは他のママたちと同じ使い方をしていたと思うのですが、「アイコン」に自分の顔を使用しているのがなんと私だけだったのです！

三十人以上のママたちの中でたった一人。他のママたちはみんながみんな自分ではなく、お子さんの写真をアイコンにされていたのです。

これにはかなり衝撃を受けたとともに、あれ？ 私だけなんかズレてる？ とも思いました（笑）

ですが、待てよ……私はズレちゃあいない！　と直ちに軌道修正することができました。だってLINEグループでは結構やりとりがあるのですが、もう誰が誰だかわからないわけですよ。

発言するのだし、できれば、自分の写真にしてくれないかな～～～、なんて思いながら、それでも、ママになると自分の写真を撮ることもなくなるんだろうな、ってそれはそれは重く受け取めたのです。

その状態でいきなりアイコンに自分の写真を出すことはきっと抵抗がありますよね。

私にもそれはよくわかります。

私もSNSを使い始めの頃のアイコンは子どもを抱っこした写真だったのです。

子どもを隠れ蓑にせめてもの照れ隠しのような抵抗だったのだと思います。

照れを克服するって、大人になってからはそれはそれは大きな関門となることでしょう。

でもね、

あなたは誰なのですか？

あなたの顔はあなただけのものなのに、自分を消してはいませんか？

以前、私はマラソンを趣味としていた時があったのですが、大きな大会では、数キロごとに「関門」という地点があるのですね。

それは○分台で通過できなければ、強制的にリタイヤという走る者にとって恐怖の地点。リタイヤだけは絶対避けたい「関門」。

ランナーはゴールするために、いくつもの「関門」をクリアして走り続けます。

それと同じくかわいくなるためにも、綺麗になるためにも「関門」は要所要所に存在します。


その第一関門が「照れ」を超えることなのです。


関門克服のためにも前述の「自撮り」をし続ける。

これは別に誰かに見せなくてもいいんですよ！

あなたのためだけに試してみてくださいね。

どっちのお顔が好き、右顔が好き、左顔が好き、という小さな気づきからどんどん広がっていきますよ♡

そう、あなたのセルフ整形はもうスタートしています！
とっても簡単なことなのですが、自分のどんな表情が好きなのか、どんな向きの顔が好きなのか、そういう小さな部分を知ることが大きな変化へとつながっていくのです。

良い呼吸をし、良質な水を飲み、そして3日もすれば何か変化を感じるはずです。

あなたの全てが生きています。
呼吸をしています。
水を吸収しています。
あなたは変化していきます。
自分に集中してみてください。
変化を感じ始めるはずです。

〈本文中の大切なポイントには鍵マークがついています〉

誰にでも美容整形レベルでかわいくなる力があることを知る

私は誰にでも美容整形レベルでかわいくなる力があると思っています。

もちろんこれだけ美容整形やプチ整形というものが一般化している今、整形した方が近道に思えますし、かわいくなるのは早いに越したことはありません。

実際に整形されている方もたくさんいることと思います。

その一方で耳にピアスの穴を開けることにも抵抗があるという方もいることでしょう。

スピリチュアルの力でかわいくなりたい！　と願う方はどちらかというと、そういったタイプの方が多いかなと思います。


ではなぜ、スピリチュアルの力でかわいくなりたい！　と思われるのでしょうか？

「整形はお金がかかるから」ではないように思います。


自分の「少しの可能性」に懸けているから、ではないでしょうか。

私はその思いこそが美しいと思いますし、その少しの可能性を信じている方には、必ず整形レベルでかわいくなる力があると考えています。

本当は誰にでも整形レベルでかわいくなる力があるのです。

何を隠そう、私こそが整形レベルで変化を遂げた

以前、私のところにアカシックリーディングのセッションを初めて受けに来てくださった三十代後半の女性がいました。

彼女は県の職員であり、さらには看護師さんとして働かれている方でした。

それはそれは自分に自信がなく、おそるおそる私に会いに来たといった印象。

その日はなんとわざわざ新幹線に乗ってセッションを受けに来てくれたというのです。

そんな彼女に「自分に自信がないあなたを奮い立たせ、それだけの行動をさせたものは何？」と尋ねてみると、

「美和さんのブログを知り、美和さんみたいになりたいと思ったからです！」

と、言ってくださいました。


これには驚きました。

ほんの数年前には彼女のように、自分に1ミリも自信がなかった私。

「美和さんのようになりたい！」とこうして新幹線に乗ってまで私のもとに来てくださるクライアント様に出会えるなんて、そんな日が来るなんて、と夢を見ているようでした。

しかし、実際にこのように言ってくださる方がその後もどんどん増えていきました。


では、それはなぜか？

なぜ、彼女や他の方たちは「美和さんみたいになりたい」と思ってくださったのか？


それは私が整形レベルでかわいくなったからだ、ということに尽きると思うのです。

私はブログやSNSで日々投稿しているのですが、いわゆる「いいこと」や「心に響くこと」を書いているわけではありません。

軽めの投稿に自分の写真を載せるくらいなのです。

そういうところ（ビジュアル）から私を知ってくださり、その後に驚きのビフォーアフターを知って、さらに慕ってくださいます。

人は誰でも「変化」を見ることが好きなのではないか？　または、そういう部分に興味を持つのではないかと私は思います。

やはり変化し続ける人を応援したいという気持ちになるのではないでしょうか？

だからこそ、今現在の美和さんではなく、「変化してきた美和さん」に引き寄せられて、私のもとへお客様がいらしてくれるのだと思っています。

それほどに私は整形レベルの変化を遂げた、と実感しています。

そして、私のもとに来てくださった自信のなかった先述の看護師の彼女もまた、その後に整形レベルでお顔が変わっていったのです。

真面目で、自分に自信がない人ほど、整形レベルでかわいくなるのが早いのです。

今、この本をお読みのあなたなら「真面目でどこか自信がない」という方に当てはまるかもしれません。

簡単にかわいくなるのなら美容整形という手段だってあるのに、そこを敢えて「スピリチュアルの力でかわいくなりたい！」と思ったのですから。
つまり、あなたはすでに整形レベルでかわいくなる素質が十分あるということなのです。

きらめきが連鎖する力を味方にする

実は、これが一番手っ取り早くできる「かわいくなる魔法」なのですが、やらない、やれない、という方が多いのです。

「きらめき」は連鎖します。

では、「きらめきが連鎖する力」とは？

すっごくキラキラした女性がいるとします。
その女性の周りは必ず「きらめき」が取り囲んでいます。
その連鎖したきらめきを、あなたが受け取り、さらに誰かに連鎖させられるかどうか？
という力のことを言います。

わかりやすい例をお伝えしますね。

私が仕事用の写真を撮ってもらっているのは名古屋在住のフォトグラファー鬼頭望さんという方なのですが、仙台に住む私が名古屋からわざわざ来ていただいて撮影をしてもらいたいと思うほど、望さんはとてもかわいい女性なんですね。

なんとしても仙台に来て欲しい！　飛行機代も払いますから！

そんな突然のオファーにも快く応じてくださった彼女は、本当にかわいくて、そしてかわいいフォトグラファーに撮影してもらう私も、不思議と緊張せずに「かわいい私」で、写真に写ることができたのです。

この時、グループ撮影会として他にも四名の方を募り、撮影をしていただきました。

こんなにかわいすぎるフォトグラファーに撮影をしてもらうなんて……と。

申込みを躊躇《ためら》う人もいたくらいです。

「かわいい人の前に自分を晒《さら》すなんて」

「かわいい人の前でどんな顔をすればいいの？」

「もう隠れてしまいたい！」


きっとそういう気持ちになったことでしょう。

それでも、思い切って撮影を申し込まれた方は、まず申込みをしたという段階でかなり大きな階段を上ったのですよね。


撮影まであと1ヶ月。

どんな服を着て、どれだけやせて、美容室を予約して、メイクを念入りにして……。

1時間の撮影時間にかける熱量が皆さんとってても素晴らしかったのです。


それは決して辛い努力ではなかったはずです。

その日に向けて楽しみながらドキドキしながら努力をされた姿が想像できます。

まるで、結婚式を控える花嫁レベル！

そういう私も実は、初めてのパーソナルジム通いまでして、筋トレに挑戦したんですよ。


そして撮影会当日。

かわいいかわいいフォトグラファーを目の前にして、参加者の皆さんがもう尋常じゃないテンション（笑）

かわいいに群がる！　といった感じでした。

でも、これができるかどうかって、実はとても重要なポイント。

多くの女性は「かわいい人」「綺麗な人」のことが好きなのですが、実際にそのかわいい人に近づくことにさえ抵抗がある方がほとんどなのです。

これは私もそうでしたから、とてもよくわかります。

その相手が芸能人や著名人なら話は別なんです。

きゃー♡と言って、近づけるんですよね。

「オーラ」を浴びたい！　と言わんばかりにギリギリまで近づけるんですよね。

ところが日常生活ですごくかわいい人や綺麗な人に遭遇するとどうでしょう。

途端に萎縮したり、まともに見られなかったり、またはちょっと離れた所からジロジロ見てしまいませんか？

そうやってかわいい人や綺麗な人からの「きらめき」が連鎖する力を日常的に自ら絶ってしまっていることが多々あると思うのです。

心当たりないでしょうか？

話は戻って、撮影会の日はどうなったかと言いますと、皆さん、初めての撮影なのに、まるで妖精に見まがうような透明感が出たり、黄昏の表情ができたり、今までご本人さえも見たことのない表情でお写真に写られていたのです。

それは「きらめきの連鎖」が始まった瞬間だったのです。

皆さん、とてもピュアでとても素敵だったのですよね。

こんなかわいいフォトグラファーに撮ってもらったら一体どんな私になるだろう！　と、あの日彼女たちはウキウキしてその「きらめき」を纏ってみたのです。

そしてその写真を誰かに見せることは、またさらに見る人に「きらめき」を与えることとなりました。

撮影会に参加してくださった皆さんが、出来上がった写真を自分のＳＮＳなどに堂々とアップしたところ、たくさんの方から「すごい素敵！」とのお声をいただきました。

さらには、その写真を見た方たちから「私も撮って欲しい！」とのお声までいただいたのです。

フォトグラファーの鬼頭望さんの腕前が素晴らしいのはもちろん言うまでもありませんが、なんと言っても、その被写体となったみなさんの見せる表情が、とても輝いてきらめいていたのです。


きらめきを纏うかわいすぎるフォトグラファーに撮ってもらうと、こちらまできらめきを受け取ることができます。

そしてその写真を誰かに見せると、一斉にきらめきが連鎖していくのです。

それはまさにきらめきの拡散です。


こんまりさんの「ときめきお片づけ」というフレーズは皆さんも耳にしたことがあると思います。

「ときめき」だって目には見えないものですよね？

「ときめく」という感覚でしかありません。

「きらめき」だって同じなのです。

目には見えませんが、「この人のきらめきがすごい！」って思ったことはありませんか？

それこそが「きらめき」というものなのです。

要は、「きらめき」がすごい！ と感じたら最後。

無駄な抵抗はやめ、覚悟を決めてください。

もうあなたはその「きらめき」を浴びるべく、そのきらめきの主にぜひともお近づきいただきたいのです。

そして、そのきらめきを受け取ったらまた他の誰かにそのきらめいたという事実をお話しするのもいいし、言葉に乗せて発信するのも良いでしょう。

今度はそれを受け取った誰かがきらめき出しますから！

「きらめきがすごい人がいた。以上」と自分の中だけで終わらせてしまわないこと。

ワーワーキャーキャーとミーハーになっても良いでしょう。

女性にはそういう面がありますから。

きらめきを拡散させるということを意識してみてくださいね♡

小さな発見、大きな感動を見つけてみてくださいね！

第2章

なぜ思い通りに
かわいくならないのか？

夫が顔を大やけど！　その時、彼が最も大事にしたものとは？

今、世間は新型コロナウィルスという、前代未聞の目に見えない脅威にさらされ、多くの人々が仕事を自宅でするようになり、飲食業界でも多くの店舗が営業自粛を強いられている、まさにその最中に私はこの原稿を書いています。

私の夫のことは今まで、自分のブログなどに書いたこともなかったので、結婚していることを知らないクライアント様も多くいらっしゃるかと思います。

夫も私も自営業者なのですが、これまでお互いの仕事に干渉することはほとんどありませんでした。

今回の新型コロナウィルスの件において飲食店経営者である夫は政府の緊急事態宣言を受け、営業を自粛し、お店を休もうと決め、明日から休みになるからと夜中、店の大掃除をしたのですね。

その際、大きな寸胴鍋で熱湯を沸かし、その熱湯でコンクリートの床を熱湯消毒をしようとしたところ、なんと誤って転倒して熱湯をかぶってしまったのです。

朝方の４時頃、かかってきた電話に何事かと出ると、「救急車呼んで」と振り絞るような夫の声。

慌てて救急車を呼び、自分も店に向かうとすでに救急車が到着していました。

私も家族として救急車に乗せてもらい、救急搬送されることになりました。

タンカの上に横になる夫は、顔のやけどが一番酷く、首から上半身、そして左腕と、すでに広範囲で水ぶくれとなっていました。

さらには、やけどでただれた顔は赤色ではなく緑色に変色している始末。

それを見た瞬間に、「マズいことになった」と思うより先に、そう思う数秒前に私は、

「ありがとうございます！」

と口走っていました。

絶体絶命の窮地、マズい！　大変なことになった！　と一瞬思いそうになった、その思いの一歩先を「ありがとうございます！」という言葉が追い越して、こんなコロナ騒動の

最中、救急車に乗せてくれる救急隊員の方に伝えていました。

こうして文章に書くと、まるで美談ですが、実際にはそんな感じではなく、もっとパニック状態だったとは思います。

そこからは、急患で搬送された先の病院でも「こんな時に受け入れてくれるなんて、本当にありがとうございます！」

朝方に対応をしてくれた上に、感染が怖いからとお薬の受け取りにまで自ら走ってくれた看護師さんにも「本当にありがとうございます！」

さらには警察の方も駆けつけてくれたのですが（業務上の事故の場合、労災を報告する義務があり、救急隊から警察に連絡がいくのだそうです）「命に関わることですから」と長時間つきそってくださったその方にももう、「ありがとうございます！」しか言葉が見つかりませんでした。

気づけば、たくさんの「ありがとうございます！」を連発していました。

その後も警察の方と治療室の外で待ち、何時間も経ってやっとその扉が開きました。

なんと夫は、歩いて治療室から出てきたのです！

さっきまで緑だった顔色は一時的なショックによるものだったようで、緑を過ぎたら真っ赤にただれ、いろんな液体が出て垂れてしまっている状態。

まるでエリマキトカゲのように包帯を巻かれながらも自力で歩いて出てきたのです。

くり返しになりますが、夫も私も自営業です。

私は救急車の中であらゆる覚悟をし、今後は大黒柱として経済面も私が一人でやっていくしかないと考えていました。

ところが当の本人は、どんな言葉を口にしたか。

「仕事が」「売り上げが」「収入が」ということよりも、

「顔が」

という心配が先に口をついたのでした。

「顔が」

私はある意味、安心しました。

自分の顔を心配する余力がある、売り上げや明日の心配よりも「自分の顔」。

それを真っ先に心配していたこと。

顔や容姿を気にする余力があるのなら大丈夫だと思えたのです。

男性は仕事がなくなったり、自分の立ち位置が見えなくなったりすると、途端に不安を感じ、自分を責め、世界を責め、塞ぎ込んでしまうことがあるでしょうから。

彼の場合は仕事よりもまず「顔」が大事だったのです。

でもね、考えてみるとそれが普通。

自分がやけどをしたわけではないから、その瞬時の気持ちって想像することしかできないけれど、やっぱり私だって上半身に熱湯をかぶるなんてことがあれば同じように、

「顔が」

って思うでしょうね。

あなたはどうでしょう。


仕事を心配する？　お金を心配する？

それよりやっぱり「顔」が心配になりませんか？


私はこの出来事を通して、人間の「顔」の重要性をものすごく感じたのです。

それからの夫は、顔のやけどのケアに余念がありません。

ラッキーなことに、真っ茶色のかさぶたになった後、デスマスク状態から皮膚が一枚めくれて（！）綺麗に剝がれ、生まれたばかりの赤ちゃんのような肌が現れたのです。

しかもシミそばかすが多かった夫の顔には、以前のそれがひとつもなく綺麗に消えていました。

全部一緒に剝がれたのです！

それゆえ今は、お肌のお手入れに一生懸命です（笑）

さらには彼は左利きなのですが、左腕も酷くやけどを負い、５本の指も動かなくなるかもと言われていたというのに、利き手がどうのよりも「顔が心配」と言うのです。

それほどに「顔」って大切な部分だと思うんです。

これは夫が私に見せてくれた、だいぶ体を張ってのメッセージでした。


私たちには顔が普通にあります。

普通にありすぎて、本当に顔を大事にしているでしょうか？

今のこの長い自粛期間、家から出ない生活で、鏡も見ない、メイクもしない、人に会わない……と、普通に共存している自分の顔を、見て見ないフリをしてはいけないのです。


「顔」がプイッと、機嫌を損ねてしまいますよ！


私の大好きな言葉に岡本太郎氏の「顔は宇宙だ」という、なんとも壮大であり身近でもある言葉があります。

顔が宇宙？　って思いますよね。


顔は宇宙だ。

顔は自であり、他であり、全体なのだ。

そのど真ん中に眼がある。それは宇宙と一体の交流の穴。

（岡本太郎）


どうですか、皆さん。

顔が宇宙であるならば、私たち一人一人に、その交流のできる穴（眼）があり、私たちが見ている誰かの顔もまた宇宙。

自であり他であり全体でもある私の顔、そしてあなたの顔。

自分のもののようで、全体のものでもある。

顔は宇宙であり、全てである。

そう捉えると、自分の顔は、とてもとても壮大であり、もっとも身近な、美しく、尊厳のある「顔」だと思えてきませんか？


あなた一人の顔じゃないの。

だからこそ、顔に自信を持って欲しい！

この夫の出来事を通して、私はさらに「自分の顔に自信を持てる女性を増やしていきたい」という思いを強くしました。

そして、あの時、星野家史上最大の事件が起きたという場面でとっさに「ありがとうございます！」と言えたことで難を逃れることができたのではないかとさえ感じています。

「感謝しなさい」「感謝しなさい」「感謝しなさい」と本を読んでも、心を癒すお仕事をされている方のブログを読んでも、スピリチュアル系のセミナーに参加しても、あちらこちらで口を酸っぱくして言われていたこの、「感謝する」ということの本随を、私はこの時初めて痛感したのです。

感謝しなさい、何事にも感謝だよ、と言われてもピンと来ない方も多いかもしれません。

実際に「感謝、感謝って口だけで発したって、何にも起こらないよ」と思っている方も多いことでしょう。


ですが、私は体験してしまったんです。

こんな一大事に真っ先に湧き上がってきた感覚が「感謝」であったということを。

コロナ禍という世界的一大事の中でも、たくさんの方が助けてくださったという事実に、ただただ「ありがとうございます！」と口が勝手に動いた、そんな感覚だったのです。

感謝したって、現状は何も変わらないよ！　という方はぜひ、大きなハプニングが起きた時にこそ、勝手に湧き上がる「感謝」というものがあるということを心のどこかで覚えておいてくだされればと思います。

スピあるある、自分に正直になりすぎて、行動にうつせなくなってしまうのはなぜ？

私は普段、アカシックリーディングの講座のほかに、アカシックリーディングの個人セッションも行っています。

講座は受講された方が、ご自身でもアカシックリーディングができるようになることがゴールであるのに対し、個人セッションは、何かしらのお悩みや夢や希望を持ったクライアント様が、その先の未来を知りたくてご相談に来てくださいます。

そのご相談の中で「整形する勇気がない、スピリチュアルな力でかわいくなりたい！」

と打ち明けてくださる方は実はとても多いです。

私のもとに来てくださる方をはじめ、スピリチュアルを好む方にある傾向として、

「自分に正直になります！」

と、自分の殻を破ると決め、宣言をしている方はとてもとても多く見受けられます。
私も、この宣言を何度も耳にしてきましたし、SNSなどの投稿でもよく見かけます。

「他人軸をやめて、自分軸になると決めました！」
「自分の不快を排除すると決めました！」

そうです。
自分に正直になることは、本当に本当に大事なことですよね。
私もそれはとても素晴らしいと思いますし、私もそう選択してきました。
しかし、それと同時に、

自分に正直になること　＝　頑張れない私でＯＫ　↓　何もしない私

と、解釈してしまう方がとても多いということに気づいたのです。


不快を排除したわけですから、何もしないのもアリかもしれません。

ただ、頑張れないから何もしないという状態が続けば、「かわいい」はあっちからやって来てくれるのでしょうか？

これでは「〇歳までに結婚したい！」と言いつつも、部屋に籠ってぐうたらしたまま何もしない、誰とも会わないというのと同じです。

「願っていればかわいくなる」というのと同じですね。


スピリチュアルに惹かれたり興味がある方というのは、心根が優しい方が多いのも事実。

だからこそ、願いに向かってがむしゃらに突き進むタイプの方よりも、静かに願ってその時を待つタイプの方が多いように私は感じています。

みんな優しいからこそ、今まで我慢してしまって自分を後回しにしてきた。
だからこれからは「自分に正直に生きます！」と思い切って宣言してみた。
だからもう何もしません。願いが叶うのを待ちます！

そして数週間が経ち……また、今までの自分に戻ってしまう。
こんな風に完全にふりだしに戻るというパターンの方をたくさん見てきました。

大切なのは「アクションを起こす」こと。
そのアクションは何も大掛かりなことでなくても良いのです。

自分に正直になることはとても大切。
自分に正直になる！　とせっかく宣言したのだから、「じゃあ、何から始める？」と、何をしたら良いのか自分に問いかけてみて欲しいのです。

自分に正直になってみたら、何が見えてきましたか？
何もやりたくない自分？　それとも、あれもこれもやりたいとたくさんのアクションを抱えている自分？　何もやりたくないが先に来たら、寝るだけ寝て、ぐうたらしていても良いかもしれません。

で・す・が、

「かわいくなりたい」「パートナーが欲しい」「愛される存在になりたい」

そう願うのであれば、美は1日にして成らずということも意識しておかなければなりません。

そしてそれこそが自分に正直になった先に見える願望でもあると思いませんか？

私の場合は、自分に正直になる！　我慢しない自分になる！　と宣言したら、研ぎ澄まされた私に見えてきた答えが、

「エステに行きたい」

だったんですよね（笑）

研ぎ澄まされたら、もっと壮大なビジョンが見えると思っていたので、え？　エステ？　と、あまりにもコンパクトにまとまった答えに、拍子抜けしました。

しかし、それこそが起こすべきアクションだと教えてくれているのです。

それこそが魂からの願いだったということなのです。


あなたも自分に正直に生きると決めたのならば、「じゃあ、何から始める？」と、何かのアクションを自分に聞き出してみてくださいね。

ありのままの自分を意識したつもりが、自分を見失ってしまう罠

スピリチュアルに興味を持たれる方は、優しい方が多いと先述しましたが、さらに加えると、とても真面目で勉強家の方が多いのではないか？　と私は思うのです。

直感に導かれるままにマニアックなことをどんどん追求されますよね。

それゆえ、「かわいくなる」とか、「美意識」については、二の次にされてしまうことも多々あるのでは？　と感じています。

ただし、二の次となっても、やはり女性ですからいくつになっても美容について、心の

どこかで「いつか何とかしなくては」と呟かれている方が多いと感じています。

実際に私のもとにセッションに来てくださる方は、年齢の幅がとても広いのですが、二十代の方も五十代の方も、実は心の底で願っていることは同じだったりするのです。

占ってもらいたいことがある。受けたいセミナーがある。新しいスキルが欲しい。

だから、美容についてはついつい後回しになってしまって……という様々な年代の方をたくさん見てきました。

私にも同じことが言えるので、その気持ちはよくわかるんです。


そして私もまた、たくさんの方と同様に「ありのままの自分を意識すればいいんだ！」と「ありのまま」への決意をした一人でもあります。

だって「ありのまま」って、とっても素晴らしいことなんです。

ところが、ありのままでいいと言われた途端に、本音を言うこと＝《イコール》「単なる悪口」となってしまっていたり、自分本意となることによって、周囲への不平不満をただぶち撒けたり、挙句には暴言を吐いてしまったりとまるでありのままの自分になるために、今の自分にバリケードを張ってしまう状態に。

よって、今までお付き合いがあった人とも疎遠になり、新しい出会いも作れない。

これ、白状してしまうと、私が過去にそういう勘違いを起こして、間違った捉え方をしてしまっていたという私自身の悪例なんです。

そして、私は同じようにこのありのままループに入り込んでしまう女性たちをもたくさん見てきました。

スピリチュアルに興味がある人ほど、そういう道に逸れやすい！


現在、これだけ「ありのままに」「自分に正直に」と至るところで言われていますので、このように間違った解釈を起こしてしまう方が後を絶たないのも無理はありません。

しかし、それではせっかく、新しい自分になる！　とスタート地点に立ったのに、コースを外れて走り出したこととなってしまうのです。

それではもったいない！


「ありのまま」とは今の自分の事実、今の自分の在り方（ありさま）

という意味合いであると私は捉えています。

私の場合、ありのままの自分をさらけ出すと、

事実　←

今、二児のママで、四十六歳になります。

ありさま　←

髪の毛、爪先、肌のお手入れがなかなか行き届かないアカシックリーダーです。

ありのままの自分とはこんなにも簡潔。

在り方は「ありさま」で表してみてください。
あなたの今の「ありさま」とはどんな感じですか？
なんだか「ありさま」と聞くとあんまりいい状態を表現するイメージはありませんよね。
だからこそ「あんまり良くない自分」といった感じで表現できるのではないでしょうか。

次の段階にいくためにとても重要なので、ぜひ、書き出してみてくださいね！
「ありさま」が書けたのなら「在り方」のもう1つの意味である「あるべき姿」に書き換えていきましょう。
私の場合は……

事実
↓
今、二児のママで、四十六歳になります。

あるべき姿
↓
髪の毛、爪先、肌に潤いがある、年齢にとらわれないアカシックリーダーです。

こんなふうに書き換えてみました。
「なりたい自分になったように実際に振る舞ってみる」とはよく言ったもので、実際「在り方」をこのように変換して、そしてそれをしっかりと意識してしまえば、行動が自然と伴ってくるんです。

私の場合は、この、「在り方」の書き換えによって美容室ジプシーを卒業できました。それまで、年齢や届かないと思い込んでいたために定まっていなかった理想が隔たりとなって、自分に合う美容室を探すだけでも「面倒だな」と思っていた私が、「在り方」を先ほどのように書き換えてからは、ここだ！　という美容室に巡り合え、あんなにも苦手だったはずが、美容室通いが毎回待ち遠しいと思うまでに成長したんです。

爪先のお手入れも同様に、「子どももいるし、ネイルサロンに行く時間なんてない。自分に合ったネイルサロンを探すのも面倒。毎月お金もかかるし、だったら、素爪でいた方がラクチン」と、長いこと爪に意識を向けるなんてことはありませんでした。

それを「爪先にも潤いがある私」と在り方を書き換えたら、その途端に私が定期的に開催しているランチ会にネイリストの方から参加申し込みがあり、出会うこととなったのです。

それからというもの、私は毎月その方のネイルサロンに通うようになりました。

しかも、子連れ可能なネイルサロン！

それどころか、ネイリストさんは以前から私のことを知っていてくださったため、私がどんなデザインが好みなのか、どんな話題が好きなのか、そんなところまで精通してくださっていたのです。

おかげで初日からずっと現在でも面倒にならずに継続して通うことができているんですよね。

以前の私は全てにおいてとにかく「面倒」が先に来ていましたし、それによって「後回し」してしまう癖がついていたのです。

事実を知って、在り方を変えたら、それだけで面倒と後回しが消えたんです！

あんなにも長いこと私と共存していた面倒と後回しの癖が！

「ありのまま」に、というのは不平不満や悪口を漏らすということではないのです。

そうなってしまっては本末転倒、真っ先に自分を見失ってしまっているのですよね。

見失ってしまっては、ありのままになるはずの自分はどこへやら？　ともっともっと自分を探すことになってしまいます。

これだけ情報が多い時代だからこそ簡潔に物事を考えてみる。

頭の中だけで、自分の「ありのまま」を描いていても、ごちゃごちゃしてしまってはっきりと見えてこないかもしれません。

なんせ頭の中にも情報が多いのですから。

それであれば、アナログに戻って、紙に書いてみる。

ノートや手帳に書いてみる。

そういった実際に簡潔に「書き出してみる」という作業が大切になってくるのです。

実は私も、頭の中だけで考えていてはすぐに忘れてしまうし、次から次へと情報が入ってくると、当初描いていたことが揺らぎ、定まらなくなってしまいます。

そのため、「私はこう変わりたい！」と思った時にはすぐに今の「ありさま」をノートに書き出すようにしています。

そして「あるべき姿」に書き換えています。

人は新しい情報が入れば、忘れる情報も必ず出てきます。

だからこそ、かわいくなりたい！　綺麗になりたい！　というデータまで忘れないように、ぜひ、留めておいて欲しいのです。

遠慮が美徳という「思い込み」を変える

実は私、遠慮するのがごくごく当たり前となっていたんですよね。

まるで、精神状態を崩した人が、初期の段階でその異変に自分では気づけない、というのと同じように、遠慮をしていることにさえ気づいていない。

それほどまでに、遠慮をしていたのです。

誰かに対して、こうしたら悪いかな？　こういう誘いをしたら迷惑かな？　と何かをするにも何かを言うにも、すごく恐縮してしまっていたんです。

その「悪いかな？」という遠慮は、勝手な思い込みでしかない、と今の私なら言えますが、以前の私のように、遠慮をしてしまう場面ってあなたにもありませんか？

例えば、かわいいねと褒められたら、

「え――――っ！」と反射的に言ってしまう謙遜。

誰かに大切なお願いをされた時に、
「え——？」と反射的に拒否してしまう、私になんて無理ですという遠慮。
ありますよね？　思い当たるという方は、ぜひ試してみてください。

全ての褒め言葉や期待をこめたお願いごとに対して、
「え——っ！」と「え——？」をグッと呑み込んでみるのです。
これは私も癖でしたから、とても注意が必要で、直すのに時間がかかりました。

どちらかと言うと、褒め言葉に対しての「え——っ！」よりも、何かの代表を任せられたり、全く思ってもいなかったスピーチを頼まれたりなどの大切なお願いをされた時のほうが「え——？」と言ってしまいがちでした。
あなたは「かわいくなる」扉を開くため、遠慮は美徳であるという思い込みを変える、その分岐点に立っています。

「遠慮は損をするよ」「遠慮しないで生きた方がいいよ！」「誰に遠慮してるの？」

私もそんなふうにたくさんの人に言われてきました。

実は、言われれば言われるほど、遠慮した方が奥ゆかしくてかわいらしいのではないか？　と思ってしまったのも事実です（笑）

ですが、それはたまにの遠慮だからかわいいのであって、毎回遠慮だと、何だか逆に相手に気を使わせてしまうことになるのです。

さらには遠慮がない人と一緒に過ごす時間はとても快適ですし、こちらも遠慮が不要なので、まさに「ありのままの自分」でいられることにもつながるんです♡

ただし、人からお願いごとをされた時、「遠慮してるのではなく、本当にいやだ」という時もありますよね？

そういう時は、「え————？」と言わずに、「それはできません、引き受けられません」とはっきりとお伝えしましょう。

そうすれば良いだけなのです。

ですが、この場合、相手の方があなたに期待して何かしらお願いをしている場合がほとんどのはずですから、よっぽどの悪意がある場合を除いては、引き受けるというのも遠慮という思い込みを外す絶好の練習になりますよ。

スピリチュアルとは魂の成長を指す言葉。

あなたはその試練を超えられるはずなのです。

それがあなたの役割であり使命でもあるからこそ、巡ってきた機会なのです。

頼まれごとに「えーーー！」と言わずに、自分の気持ちを伝えるとスムーズに世界は開かれていきます。

パラレルワールドという言葉を聞いたことがある方は多いと思います。

自分の目の前に現れた課題であったり選択に対して、それらをクリアしたり決めたりする時、選んだ答えは、その幾通りもある未来の中から、あなたが新しい扉を選び、開くための鍵となります。

この令和の時代においては「遠慮」は美徳ではありません。

その思い込みをどんどん外していきましょう。

「あの人は特別だから」という崇拝心が自分を下げてゆく

あなたには憧れの人は存在しますか？


私が中学生の時には、同性の先輩がすごく優しくて、純粋に「憧れ」たりしていました。

あなたにもそんな淡い経験があるかもしれませんね。


先輩に憧れる「素敵だな～、みんなに優しくて、スタイルもいいし綺麗！」という、そういう純粋な憧れであれば、それはどんどん抱いて欲しい感情なんですよね。

そういう憧れには「あの人は特別な人だから」なんて感情湧きませんよね？

純粋な憧れにはそういう感情は湧いてこないはずなのです。


ところが、例えば身近な人で急に活躍し始めて、急に周囲から注目を集め始めた人がいるとします。

あなたは、なんとなく「すごいな～」と思ったのも束の間、いつの間にか彼女とはすごく距離ができてしまいました。

そんな時に「あの人は特別だから」と急に冷めたような気持ちになり、自ら距離を置いてしまう、そのような気持ちや状況になったことってありませんか？


実際に私も同じような経験をしたことがあります。

自分はすごく憧れを抱いていたのだけれど、急に「あの人は特別な人間なんだ」と勝手に決めつけては、自ら距離を置いてしまう。

また、その逆もありました。

「美和さん大好き〰〰♡」と熱くラブコールを送ってくれていた方が、いつからかパタリと反応しなくなる。

急に距離を置かれてしまう。


ただ単に女性ってそういう性《さが》であるということなのかもしれませんが、あなたにもそんな記憶はないですか？

私は、この状況は「あの人は特別だから」と思うことで、瞬間的に自分を大いに下げるエネルギーを自ら発生させてしまうのが原因だと考えています。
勝手に自分とあの人を引き離してしまう。
自分で自分の「ドリームキラー化」を助長してしまっているんですよね。
これって、とってももったいないことをしているんです。

地球規模で見ても宇宙規模で見ても、「あの人」と「あなた」は同じなんです。
どっちが上とかどっちがすごいとか、どっちが特別とか、そんなのは幻だということにだんだんと気づいてくるかと思います。

タレントの田中みな実さんが、「あざとい」と言われるのと比例するように女性ファンが続出しているのは、みな実さん自身が、批判する人に向けてではなく、ただただかわいい自分を底上げする努力や魅せ方を研究しているからこそ、純粋に憧れを抱いてもらえる存在となったからだと思うんです。

「あざとい」と嫌悪し、自ら離れていくのか、
（または嫌いだと言いつつ動向を追う場合もありますね）

逆に、純粋に「田中みな実になりたい！」と憧れを抱くのか。

それを決める瞬間が運命の分かれ道となります。
あなたのかわいいが加速するのはどっちか？
答えはもうおわかりですよね？

かわいい！　綺麗！　女らしさが素敵！
どんな憧れでも、純粋な憧れを抱ければ、あなたにもそのエッセンスがどんどんプラスされ、あなたは自分に変化を起こすことができるのです。

――憧れのあの人のオーラを吸い込むワーク――

簡単すぎるくらい簡単なことなのですが、これらもまた意外にやっていない方が多いので、ぜひとも挑戦してみて欲しいんです。

1.あなたが今、純粋に憧れる人は誰?
さあ、今すぐ、紙に書き出してみましょう。

さらにはその憧れの方の写真などがプリントアウトできるなら、それを貼り出してみてください。

恥ずかしくてこれもまた後回しにしたくなるかもしれません。

純粋な憧れって? と、手が、思考が、止まってしまうかもしれません。

私なんかが書いたって、と名前を書く前からやめてしまうかもしれません。

それでもここは自分の好き嫌いをはっきりと知るためにぜひ、書いて欲しいです。

2.あなたの憧れの人が誰なのかがわかり、そしてその方の写真を貼り出したら、写真を前に、大きく深呼吸をしてみてください。

その際、その方のオーラを思いっきり吸い込んでいるイメージをしながら、大きく空気を吸い込んでください。

オーラは呼吸とともに自分に取り込むことが可能です。

大きく吸い込んだ時、憧れのその人は、どんな香りがする？

どんな表情をしている？　どんなお洋服で、どんな行動をして……。

どんなどんなどんな？

イメージで良いので、憧れのあの人の振る舞っていそうな行動を自分の呼吸とともに取り込んでください。


挫《くじ》けそうな時や、不安や恐れに襲われそうになった時。

そんな時こそ、この「オーラを吸い込むワーク」を試してみてください。

できれば3ヶ月は意識して繰り返してくださいね。

あなたの細部から変化が訪れますよ！

憧れのあの人のオーラを吸い込むワーク

1.

2.

写真を貼りましょう。

このページをワークの練習に
ご活用ください。

知らず知らずに口にする言葉が顔を作っている

先ほど述べたように、人は「ありのままの自分を意識する」と決めた途端、じゃあ、私の中の不平不満を撒き散らしてもいいんだ！　と悪口や不満を言いまくるということがあります。

これも実は私自身経験があるのですよ（笑）

例えば、自分に対して邪険に接してくる人を見て、何なの！　あの人！　って思ってしまうこと、もちろんあります。

思っているだけで口に出せず悔しい思いをしたこと、みなさんありますよね？

そんな時知らず知らずに漏らしている言葉思い出してみてください。

その言葉こそ、あなたの顔を作っていくのです。

「ちっ」という舌打ちだったり、「はあああ」という言葉にならないため息だったり、そういうものも言葉に含まれると私は定義しています。

それらを発した瞬間、自分の細胞も傷つくし、それを聞いた誰かの細胞も傷つきます。

言葉に乗るエネルギーは時に凶暴化してしまいます。


私が口にしないと気をつけている言葉があります。

「バカ」という言葉です。


私には小学生の子どもがいるため、その集まりで保護者の方が謙遜の意味で自分のお子さんのことを「うちの子ほんとバカで〜」「うちの子ブスでしょう〜〜〜」と言っているのをよく耳にしたりもします。

これは何気なく口にしてしまっているのだと思いますが、その何気ない言葉こそ気をつけるべきポイントなのです！

自分のことだけでなく、我が子に対する言葉でだって同様に自分の細胞が傷つきます。


〈水について〉

少し視点を変えます。

「私たちの体は70％の水でできている」と耳にしたことがある方は多いことでしょう。

潮の満ち引きは月の満ち欠けと連動しています。

これと同じように、私たちの体内の水分も月の満ち欠けに連動し、満ちて引いてを繰り返しているのです。

月の満ち欠けのタイミングは私たちが宇宙に存在しているということを実感させてくれます。

実際に妊婦さんの中には満月と新月の前後にお腹が引っ張られるような「張り」を感じる方が多いと聞きます。

私もそうでした。

満月の日にお腹が痛くなって入院なんてこともありましたし、入院したものの、満月と新月の日には急な出産が多くなるとのことで、ベッドが足りなくなったと言われた経験もあります。

どんなに医療現場のデジタル化が進んでも私たちの体を組成するのが「水」である以上、こればかりは、自然の営みに、月に左右されたりするのですよね。

このように私たちの体の水を感じたうえで、改めてそこに影響する言葉の大切さを理解していただきたいのです。

そうそう、あのドラマの「金八先生」の授業にも出てきました。

私の遠い記憶なので定かではないのですが、金八先生が熱弁していました。


「水は記憶する」ということを。


私たちが発した言葉を水に聞かせて、凍らせ、結晶化させると、「バカやろう」などの酷い言葉を聞かせた水は、見た目に悲しい形の結晶になってしまうのです。

反対に「ありがとう」という言葉をかけた水を結晶化させると、見事に綺麗な結晶を、人工では表現できないような結晶を見せてくれるのです。

それはまさしく芸術品のような結晶です。


水は記憶する。

ということは私たちの体内の70％もの水も知らず知らずのうちにあらゆる言葉を記憶しているということになります。

その金八先生の授業は今から十年以上は前のことだったような気もしますが、最近では映画「アナと雪の女王2」でも同じようなお話が出ていましたね。

「水は記憶する」ということについては江本勝さんの著書『水は答えを知っている』（サンマーク出版）にわかりやすく説明されています。

写真を添えての解説があるのですが、まさに百聞は一見に如《し》かず。

結晶の写真を見ると、水も言葉を受け取っているということがきっとおわかりになるかと思います。


知らず知らずに口に出している言葉、習慣化されて自分では悪いと思っていないのに口にしてしまっている言霊こそがあなたの顔を作っていくのです。

言葉の細部にまで注意をして、自分の細胞を、お顔を育てていきましょうね！

第3章

自分を認められる力を身につけるためにしなければならないこと

理想像は「自分の決定を信頼できること」

あなたは自分のことが好きですか？

それとも、自分のことが嫌いですか？

私が初めてスピリチュアルの世界に足を踏み入れた時というのは、私自身、自分のことが嫌いで嫌いで「人生をリセットしたい」とさえ思っていた頃でした。

今の私しか知らない方からすると、とても信じてもらえないほどなのですが、どこへ行くにも人通りの少ない道を歩いていましたし、誰にも見られたくない、という思いがとても強かったのです。

自分のことが嫌いすぎて、「こんな人間は恥ずかしい」と自分のことを隠したくてたまらなかった。

あの頃の私は、なぜ自分のことが嫌いだったのか？

ずばり、満たされていないと感じていたからなのでしょう。

それまでの私は、恋愛においても、いつだってダメンズを引き寄せてしまい、相当な苦労をしていました。

自覚があるほどに苦労しました。

仕事もすぐに転職してしまい、転職貧乏を繰り返していましたし、十代の頃からの多額の借金があったことで、働いても働いてもお給料は返済に消えていくばかり。

バイトも掛け持ちに掛け持ちを重ね、寝る時間もなく、お肌の手入れなんてできたもんじゃない。

そんな私は次第に他の誰かのことが羨ましく感じるようになり、いつだって、

「あの人はいいな」「あんな人生だったらいいな」

「あんな顔に生まれてきたら苦労ないだろうな」「生まれつき恵まれていたんだろうな」

「どうして私ばかりこんなに恵まれないのだろう」「夢もお金もない」

「こんな人生だったら、いっそのことリセットしてしまおうか」

などという思いを抱えていました。

私の場合、この「リセットしたい」「消えてしまいたい」という思いが強迫性障害（※）

を引き起こし、当時心療内科の門を潜るまでに至りました。

※強迫性障害とは、何かをし忘れたのではないか？　という不安が頭に浮かぶと執拗に何度も確認をしたり、家の玄関の鍵をかけ忘れたのではないか？　ガスの元栓を締め忘れたのではないか？　と勤務中に家に帰ってしまったりするなど日常生活に支障をきたすこともある心の病です。不安にかられ、必要以上に手を洗ったりするのもよく見られる症状のひとつです。私の場合も異常なまでの手洗いや不安行動が誰の目にも明らかなほどでした。

そんな障害にまで悩まされてしまうほど自分に自信がなく、自分のことが嫌いだった私が、なぜ、スピリチュアルな世界を知ったことによってこうして自分を大好きになることができたのでしょうか？

今現在、私のもとにランチ会や講座開催時に集まってくださる方々は、本当に素敵な、そしてエネルギーの軽やかな美しい方たちばかりです。

「美和さんの周りには気のいい方ばかりが集まってる！」

「すごく気持ちの良いエネルギーの渦ですね！」

と言われることも少なくないため、とてもうれしく思っています。

ですが、彼女たちもまた最初からそうだったわけではなく、私のセッションに来てくださった当初は、他の誰かのことが羨ましくてしょうがなかった頃の私のように、「美和さんのことが妬《ねた》ましく思えてしまって、本当にこんな人がいるの？　子どももありながら自由にあちこち飛び回って、講座やセッションは常に満席。そんな人が東北にいるなんて！と疑いの気持ちでいました」と告白されたり、どこかで聞き覚えのある、「自分のことが嫌いで、変わろうとしている自分さえも気持ち悪くて恥ずかしい」という発言をされていました。

出会った当時は、それはそれはどんよりしたオーラを背負った方々だったのを覚えています。

しかし、彼女たちは自分自身を変えようと食らいついてきてくれました。

そして見事に達成されています。

これは何も、私のセッションが素晴らしかったからもたらされた結果だ、と言いたいわけではないのです。

私自信の目に見える変化、私がいかに変わったのか、それこそが原動力の一つとなり、彼女たちを「美和さんに続け！」とばかりに奮起させ変化させていった。

それを彼女たちは証明してくれています。

逆に言うと、それぐらい過去の私って重々しくて痛々しくて弱々しかったわけです。

スピリチュアルな世界を通して、アカシックリーディングを通して、私は「自分の決定」がいかに大事なことか気づきました。

「自分の生き方に主体性を持つ」ことが人生を変えていくのです。


振り返れば、自分の人生に主体性を持つ、なんてことは考えもしませんでした。

それまでは、なんでもかんでも「誰かに決めてもらった方がラク」と思って生きてきましたし、何事も「自分で決めるなんてムリ！」と本気でそう思っていたのです。


それは結婚してからも続いていました。

私は主婦であり、ママでもあるわけだし、主導権や決定権は全て夫が握っているとも思っていました。

さらには、「囲われているのだから決めてもらった方がラク」という思いすら持っていたのですよね。

主導権も決定権も全て委ねてしまうことができて、私はラクになったのだと勘違いしていたのです。

実はこの「自分で決定できない」ことこそが、根っこの部分から「自分を好きではない」という思いを蔓延《はびこ》らせていくことにも気づかずに……。

だからこそ私は結婚してからも、ママになってからも、ラクになったつもりが依然として「自分を好きになれない」という感情に振り回されていました。

何をそんな小さなことを、と思われるかもしれませんが、この手のお悩みを抱えている方は、実はとても多いのではないでしょうか。

そしてそれは時として私のように強迫性障害などの病に移行してしまう。

「自分を好きになれない」、その悩みは女性だけでなく男性だって多くの方が抱えていることでしょう。

当時悩める私がしたことといえば、スピリチュアルなことに関しては懐疑心しかなかった、いわばスピリチュアルアンチだったにも関わらず、「私はなんのために、この世界に生きているのか？」と、その答えを闇雲に求め、「誰か教えて」という受け身の状態で、占いやあらゆるセラピーなどのセッションを受けることでした。

しかし、誰かに方向性を決めてもらうということに頼っているのだから欲しい答えなんて得られず、同じことの繰り返しにしかならなかったのは当然です。

でも、ここまで来て初めて「主体性」を持つことに挑戦してみようと思ったのです。

今から2年半前のことです。

序章に書いたように、とてつもない美女に遭遇したことがきっかけでした。

仙台に住んでいる私が、たまたま東京に行っていた時のこと。

とあるホテルの前で私は一人の女性とすれ違います。

この時すれ違った女性、とてつもない美女こそが、金粉を振り撒いていたその美女こそが、後に、私のアカシックリーディングの師となることを、その時は想像もしていませんでした。

金粉を振り撒くこの女性は、一体誰？

もちろん、その時はその方にお名前を聞くこともできなければ、すれ違ってすぐに去ってしまった彼女の後を追うこともできませんでした。

そこで私が取った行動は、ストーカーのごとく、このホテルでこの日に開催されている催しは何か？　とすぐに調べてみることでした。

すると、そこで目にしたのが「アカシックリーディング講座」という文字。

そして講師として紹介されていたのがあの美女だったのです！

どうやらすれ違った美女は、アカシックリーディングを教えている方のようです。

「アカシックリーディングってなんなのよ？」と意味もわからずにいましたが、私はすぐさま、その、アカシックリーディングとやらを体験してみようと思いました。

それもこれも、「あの金粉を私も少しでも纏ってみたい！」その一心からの行動でした。

その後、調べてみて、地元仙台で活動しているアカシックリーダーの方のセッションを受けてみることにしたのです。

アカシックリーディングは扉を開く鍵だった

そのセッションで私を待っていたのは、今までの占いやセラピーといったものでは感じることのなかった衝撃でした。

そして、その素晴らしいセッションをしてくださったアカシックリーダーの方にアカシックリーディングを教えたのが、あの時すれ違った美女であるという事実も発覚！

勝手にますます縁を感じた私は、すぐにでもアカシックリーダーになろう！　となんと、すぐに決意をしました。

直感でそう決めた、と言えばそれまでなのですが、あの時の私は漠然と「私自信が変わることで、それを見ている誰かにも変化を起こすことができるのではないか？」と思い描き始めていました。

長らく忘れていた、自分自身の夢を抱く感覚がセッションのおかげで戻りつつあったのかもしれません。

それまで、私が変わるための次のステージに行くには、その前に自分じゃ重くて開くことができない扉がある……そんな気持ちで毎日を過ごしていました。

それが、アカシックリーディングのセッションを受けたことで、その重いはずの扉がス――ッと、開いた感覚を味わったのです。

アカシックリーディングは私に必要な鍵となってくれたのです。

そして私はその鍵を使う力さえ手に入れてしまった。

これで「アカシックリーダーになりたい」と当時の私が思わないはずありません。

人はきっかけはどうあれ、こんな風に急激に熱烈に衝動的に行動できた時こそ、一瞬にして「次元が変わる」のだと私は思います。

その時の決断があっての今の私というわけです。

2年半前にアカシックリーダーとなった私が得たもの、そして、扉を開けるのに必要だったものは「自分の決定を信頼できること」だったのです。


アカシックリーディングとは――…

地球の表面を覆っているエネルギー「アカシャ」の中に存在するアカシックレコードという魂の記録庫へアクセスし、魂の過去から現在、未来までを読み取るリーディングの方法。

誰もが宇宙の誕生と共に魂が生まれ、今に至ります。

今に至るまで、さらにはこの先の未来へと、私たちは自ら「未来を決めて」ここ（地球）にやって来たのです。


アカシックリーディングで、自分やクライアント様のアカシックレコードに触れる時、その見えたもの、感じたものに対して、

「偶像かもしれない」「都合の良い妄想なのかもしれない」

「これを言ったら、当たってませんと言われるかもしれない」


そんな言葉が脳裏をよぎることがあります。

しかし、そこで伝えたいことを呑み込んでしまったら、いつまでも自分の見たもの、感じたものを信じられないままです。

それでは今までと変わらない。

これは、私自身の経験からの学びであり、アカシックリーダーを養成する際、伝えていることでもあります。

そして、ここまで読んでくださった方ならわかってくださることでしょう。

自分の見えたもの感じたものを、ありのままに伝えることが私にとってどれだけ難しいことであったかを。

しかし、私はアカシックリーダーとなり、この最初の高すぎるハードルを思い切って超えてみました。

すると、

「どうしてわかるんですか？」という言葉がクライアント様から返ってきました。

さらには、回を追うごとに、

「すごいですね！」「盗聴器でも仕掛けているのですか？」

とまで言われるようになったのです！


この経験のおかげで、今までの私は、自分の感じたことをそのまま呑み込んでいただけだったのかもしれない、余計なお節介と言われないように、浮かんだものをかき消していたのかもしれないということに気づけました。

実はその、普段はただの思い過ごし扱いされる小さな感覚に気づくこと、それこそがすでに自己セラピー。

あなたに自信を持たせてくれる源なのです。

「決めるだけ」って、そりゃ自分で決められたら苦労しないよ！　と嘆いていた私ですら、今となっては自分で決断することが当たり前。

それもこれも、この小さな感覚を日々、大事にしてきたからの変化です。

この感覚の積み重ねあっての自分の決断ってものすごい威力を持っています。

例えば、私が「本を出版したいな」と思った時のことです。

メールマガジンを毎日配信するようになった頃、写真を挟んだりもせずに、ただひたすら文字を書いていくというメルマガの魅力に取り憑かれてしまい、「本もこんな感じで書いていけるのかな？　電子書籍ではなくて、紙の本を書いてみたいな」と安易にもそう思った私。

その「安易に思ったこと」こそ「夢のまた夢」と思わずに、スルーせずに。

そうだ、企画書を書いて送ってみよう！　と、素人ながらに企画書を書いて、私が愛読していた本の出版社様に送ってみたのです。

なぜなら私は、本を出すならここ！　と勝手に決めていたので、突き進むように、送りつけるかのように（笑）企画書を送ってみました。

亥年生まれではないのですが。


するとどうでしょう。

「夢のまた夢」で終わらない、そんな出来事が起きました。


だって現に、その企画は本となって今、あなたの手の中にあるのですから！


「自分の決断を信頼できる力」を身につけるとこのような奇跡がどんどん起きてきます。

まさにパラレルワールドを自分で切り拓いていく感覚！


「夢のまた夢」で終わらせるのも自分。

夢は逃げていくことはないのですから、自分から終わらせていただけなのです。

それに気づくことができたのなら、あなたはもう小さな思い過ごしもスルーすることはできなくなってしまいますよ♡

なぜなら、それは叶うのだから！

自分の使命を知っていますか？

「自分の使命を知りたいんです！」

「私に合う仕事ってなんですか？」

「私にしっくりくる肩書ってなんですか？」


女性が自由に仕事を選べる時代とあって、このようなご質問をいただくことは多いです。

ただ、あなたの使命やあなたに合った仕事や肩書って、何も大義名分の立つものであるとは限らないんです。

それを知っておきましょう。

以前、私のセッションを受けに来てくださった五十代のM様は言いました。

「責任感を持って働いてきたけれど、今の仕事ももう限界。早く辞めたいけど、私の本当の使命ってなんなんでしょう？」

彼女は、ご主人とは早くに死別されており、お子さんもまだまだ学費がかかる。女手ひとつで必死に子育てしてきて、自分の好きなように人生を生きられていない、とセッションで打ち明けてくださいました。

こちらの彼女の使命はさて、なんだったでしょう？

その答えは……、

「お姫様扱いをされること」だったのです！

大義名分とは程遠い使命だったわけですが、彼女はすごく納得されて、

「私はお姫様扱いされることに憧れているのに、どこかで、そんな甘えた人生は私には無理だと悲観していました。もう歳も歳だし……恋愛だってしたいけど、もう無理に決まっ

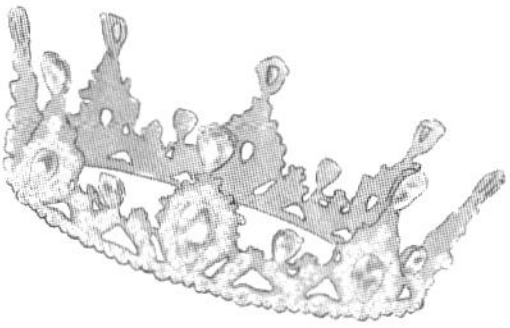

ているって思っていました」

そんなふうに受け取ってくださいました。

その後の彼女はどうなったか気になりますよね？
なんと、辞めたいと言っていた仕事は続けながらも運命の彼に出会われたそうです。
その彼があの時のセッションで話してくれた理想の男性そのまんまだったことは言うまでもありませんね。
そして、セッション時に別の願いとして私に話してくれていた、海の見える眺めのいい温泉に行きたい！　という願いも、まるでオプションのように、いとも簡単にその彼が叶えてくれたとびっくりしながら報告をしてくださったのです。

彼女の使命は何も、資格をとって、あちこちで活躍をするお仕事に就くとか、社会に貢献する活動をするとか、そういったものではありませんでした。

「お姫様扱いされること」

これが使命だなんて、自分では気づかないものなんですよね。

使命に気づき、使命に沿って生きられた時、ドラマティックな展開が彼女を待っていた、ということなのです。

「美和さん、私は今とても幸せです！」とおっしゃってくださった彼女はキラキラと輝き、以前の彼女とは同一人物とは思えないほどの笑顔を見せてくださいました。

その姿は少女のようであり、お姫様のようでした。

このように自分の使命を知る、という手段のひとつがアカシックリーディングです。

しかし、だからといって、みんながみんなアカシックリーディングのセッションを受けたらいいよ！　とは思っていませんので他の方法があることも知っておいてください。

扉を開く別の鍵

セッションを受けなくても気軽に自分で使命を知ることができるアクションのひとつに「断食」や「ファスティング」があります。

最近ですと、夜だけ断食、朝だけ断食なども流行しているようですので、ご自分に合う方法を試してみてはいかがでしょうか。

断食なんて、絶対無理！　と思われるかもしれませんが、胃や腸に適宜休息を与えることによってその分、自分が何をしたいのか？　自分の使命ってなんだろう？　と向き合うことにエネルギーを注ぐことができるのです。

人によっては断食で頭がパッカーンとしたとか、研ぎ澄まされた、と表現をされることもありますよね。

あなたがこの断食を乗り越えた先に、本当にやりたいことが何なのか、使命とは何なのか、ひょっこりと顔を出して答えを教えてくれるはずです。

もちろん何日間も断食してね、というわけではありません。
苦行ではなく楽しくできたら、良いですよね。

自分の使命を知っている人は、自分の決断も信頼できるようになります。

また、使命は、ひとつとは限りません。
P31に書いた通り、私の使命は「彗星のように流れを止めず、誰かに追いかけてきてもらうこと」でしたが、他にもあります。

それは、「美的感覚を強化させること」

実はこのような使命も与えられているのですよ！
あなたがこの地球に来た使命はどんな使命でしょう。
自分で自分に問い合かけてみてくださいね！

なぜ女性は結果をすぐに求めたがるのか？

例えばライザップのＣＭ。

結果が一目瞭然であることと、そのビフォーアフターがなんだか面白くてついつい見入ってしまいますよね。

また、朝の情報番組などでよくある、メイクをしていない専業主婦が、プロのメイクアップアーティストやスタイリストの手にかかると、あっという間に美女へと変身を遂げてしまう……というわかりやすいビフォーアフターも女性なら誰でも目を奪われてしまうのではないかと思います。

私にも経験がありますが、わかりやすい急激なビフォーアフター写真を見て、ジムやエステに入会したりなんてこと、きっとあなたにも経験があるのではないでしょうか。

ひと昔前だったら、結果を求めたがるのは男性の方だと言われていたかと思います。

ですが、今という時代は、女性の方が結果を早く求めたがっているのではないかと、私は思います。

頑張った分だけの結果がすぐに欲しい！　と思ってしまうのです。

恋愛もビジネスもダイエットも、そしてかわいくなるための努力も、これだけ頑張ったんだから、結果を早く！　と、答えを急いでしまう女性が多く見受けられるようになりました。

その兆候は、どの分野に携わる女性においても同じことが言えると思います。

私が開催している講座に「アカシックリーディング入門講座」というアカシックリーダーを養成する講座があるのですが、アカシックリーダーとなられた元受講生の方より、稀に、「アカシックリーダーになったのにお客さんが来ません」という相談を受けることがあります。

その方たちはアカシックリーダーになったら即日、セッションの予約が入る、もしくは予約がいっぱいになると思っていたのでしょう。

確かに、私はアカシックリーダーになってすぐにセッションの予約がいっぱいになりましたし、それを公言してきました。

しかし、そうなったのは、細々と日々、ブログを書いていたことが大きかったと思うのです。

自分には何ができるのか、何をしたらいいのかさえわからない霧の中のような時代からブログはずっと書いてきました。

単なる専業主婦から、急にアカシックリーダーになった私。

一言で説明するならこうなりますが、そこまでの一連の流れをブログで読んで知ってくださっていた方からのお申し込みが一気に来たわけです。

きっとこれは私の使命ともうまく連携ができていたこともあったためだと思います。

他にも実行したことがあります。

アカシックリーダーとなるにあたり、新たにプロフィール写真を撮ってもらったのです。

「美的感覚」を自分なりにアゲて、アカシックリーダーとなった旨の報告と新しい写真をブログへ投稿したのです。

すると、一気に人々の視線が自分に向けられたのを感じました。

実際に目に見えてわかったということではありません。

投稿に対しての視線を感じることができたのです。

目には見えない感覚です。

それまではプロフィール写真も何年も前に撮ったものを使っていましたし、なかなか変える勇気を持てませんでした。

それでも、私は自分の決断を信頼できるようになるためにアカシックリーダーとなり、私の使命が「美的感覚」を強化させていくことであると理解できたからこそ、次へと行動に移すことができました。

結果、アカシックリーダーとなってすぐにお客様のご予約をいっぱいいただけたのです。

繰り返しになりますが、今まではすぐに結果を求めるのは男性の性、男性脳だ、なんて言われてきました。

しかし、状況は変わり、現代は女性もすぐに結果を求めたがる風潮にあります。

私たちはその時代を生きているのです。

かわいくなりたい！　綺麗になりたい！　にしても同じく、今すぐ効果が出て、変化が見えないとやる気が出ない！　モチベーションも上がらない！　となってしまうのも時代の流れ、無理もありません。

そして今、多くの女性が、

「このままでいいのだろうか？」

「今のままの働き方でいいのだろうか？」

「今までの生活でいいのだろうか？」


そんな疑問を持って毎日を過ごしているのも事実。


自分の使命がわからないまま行動していると自分の決断を信頼できなくなってきます。

決断が正しいのか自信がないまま行動しているから答えを知りたくて、いつだって結果をすぐに求めたがるのです。


あなたはいかがでしょう？

・自分の決断を信頼できていますか？
・自分の使命を知っていますか？

・結果をすぐに求めてはいませんか？

この３つを振り返ってご自分でチェックしてみてくださいね！

あの素敵な女性はどんな香りを纏っている？

自分の決定を信頼できるようになると、自分を認められる力が身につきます。
要するに「あれ？　私って意外とイケてるかも？」と思えるようになってくるんです。

「あれ？　結構かわいいかも？」

と、結果的にいつの間にか自画自賛できるようになってくるのです。
そこでさらにエッセンスを加えるとするならば、「定着」の要素です。
これからご紹介するのは、あなた自身がかわいいって認めて脳に記憶させちゃおうよ！
というワークです。

使用するのはズバリ「香り」です。

「香り」のエッセンスを注入するのです。


脳はダイレクトに「香り」で過去の記憶や想像を膨らませていきます。

わかりやすい例をひとつ、我が家の七歳の次女に起こったことです。

以前次女は、ディズニーランドに行った帰りにインフルエンザにかかったことがあるのですが、夢の国の楽しいはずの記憶から一転、よっぽど辛かったのでしょう。

その体験から急に「キャラメルポップコーン」のにおいがNGとなってしまいました。

次女は今でもキャラメルポップコーンのにおいを嗅ぐと、あの時の苦しい思いが蘇ってくる、と言っています。

香りからその時の記憶に戻ってしまうのは、それはやはり一瞬のことなのですよね。

次女の件はネガティヴな例でしたが、これを良い方向に使ってみればいいのです。


「なりたい女性像」を思い浮かべてみて、そしてその女性が使っていそうなフレグランスを自分に纏ってみる。

私の場合、神崎恵さんのような女性に憧れるので、実際に神崎恵さんが使っているというクリスチャンディオールのフレグランスを購入し、自分にも振り撒いています。

ただし、選ぶ際の注意ポイントがあります。

それは必ずしもその香りが「自分の好きな香りではないかもしれない」という点です。

私は普段、あまり甘い香りは好みではありませんが、神崎恵さんが使用しているフレグランスは結構甘ぃ！

実際、あまり好きではないかもー……と思いながら試してみました。

するとどうでしょう。

気分はすっかり神崎恵です（笑）

甘さの中にも強さがある、そんな香りに包まれるのです。

話を戻しますが、うちの次女はキャラメルポップコーンが嫌いなわけではないのです。

好きか嫌いかで言ったら、「好き」なのに、そのにおいを嗅ぐと一瞬にして悪夢を思い出すということなのです。

つまり、お伝えしたいポイントは「好き」か「嫌い」か？　で香りを選ぶのではないということ。

このワークの場合は、なりたい女性像で香りをチョイスするという点です。

意外にも「うぇ――――」って、顔をしかめたくなるような苦手な香りにこそ、あなたの美的感覚を開花させる鍵が隠されていたりします。

今だと、好きな芸能人や憧れのモデルさんが実際に愛用されているフレグランスは、ネット検索すればすぐにヒットしますよね。

過去の偉人などの場合は、それはもうイメージでしかないのだけど、例えばクレオパトラが好んでいたのはバラの香りだったとか、または、クレオパトラをイメージした香水なども有名店から販売されていたりもするので、それらを選ぶことが可能ですね。

「なりたい女性像」のイメージで香りを選んでみることをぜひ、お試しください。

毎日が慌ただしく過ぎ去っていくと、香りに意識を持っていくことを忘れてしまうことも多々あるかと思います。

特にママさん。

日々子どもたちを相手していると香りに気を使っていられなくなったり、香りを遠ざけてしまったりする場合もあるでしょう。

そんな時だからこそ、ぜひお試しいただきたいのです。


そして、脳にダイレクトに記憶をさせるのです。

「私はかわいい」と。

さらに、「私はこんな女性になりたい！」と。

あなたも憧れの女性と同等でいられる、目には見えない「香り」のパワーをお借りして自分を認められる力をアップさせていきましょう！

自分が本当に買いたいものって知ってますか？

二〇二〇年、新型コロナウィルスという未知のウィルスとの共存のはじまり。

それによって二月あたりから今（七月にこの原稿を書いています）に至る数ヶ月の間に、

私たちの生活は急変しました。

家にいるだけの毎日で、必要な外出時は必ずマスク着用。

おしゃれやメイクも必要とされず、スーパーに行くだけでも制限があり、職業によってはお仕事さえも自粛しなければならない日々。

会社に出たとしても、帰り道にショッピングや外食を楽しむこともできない。

外で「お金を使う」という行為が世界的にこんなにも減ってしまう時がくるなんて。

逆に家にいる時間が長くなることで、それまでよりも今度は家にいながらにしてお金を使うということが頻繁で、気軽にできるようになりましたよね。

外で使うお金より家の中で支払う金額の方が多くなったという方もいらっしゃるのではないでしょうか？

家の中でお金を使う、支払うということは、クレジットカードや電子マネーの決済で済んでしまうため、「予想以上に使ってしまった！」なんてこともあるかと思います。

元々お買い物は現金派だったのに、現金を扱うことが減ってきた、という、そんなあなたのために、あえて現金を使うオススメのワークをご紹介させていただきますね。

キャッシュレス決済にやっと慣れてきたというあなたもぜひチャレンジしてください。

――白い硬貨貯金――

白い硬貨とは、一円玉、五十円玉、百円玉、五百円玉のことを指しています。
これらの白い硬貨を貯金していくのですが、現金での支払いや受け取りといったやり取りがない場合、現金を手元で貯金するって、かなり難易度が高くなるんですよね。
特に今年は本当にお財布の中のリアルな現金の変動がない！　という方も多いかと思いますが、ぜひ童心に返って、おまじない感覚でこのワークを試してみていただけたらと思います。

いざ意識して始めてみると、現金のやり取りが増えてくることでしょう。
毎日の中で、お財布に入って来た白い硬貨を貯金するのです。

1.《目標は一万円》白い硬貨だけで貯めてみてください。

あくまで目標なので一万円以上でももちろん構いません。

2.ぜひ期限を設けて貯金してみましょう。
だいたい1ヶ月を目標にしてみてはいかがでしょう。

3.その自分で決めた期限の日がきたら、いくら貯まったか数えてみましょう。
一万円以上ありました？

一万円以上と目標を設定したのは、その白い硬貨を銀行に持っていって新しいお札に交換してもらいたいからなのですね。

4.その硬貨を持って換金しに行きましょう。
銀行によっては両替に手数料がかかるところもありますが、これはワークなので、その手数料を払ってでも新札に交換して欲しいのです。

5.そしてその新札に交換した一万円札をお財布にしまったら、そこから1週間はお財布の中で温めましょう。

お見守りをしてもらうんです。
6.そして晴れて1週間後、今度はその一万円札で、あなたの本当に欲しいものを購入します。

昨年（二〇一九年）、私は元旦から二月四日の立春までの間に一万円以上を貯める！と意図しました。

ちょうど配信のタイミングだったので、私のメールマガジンの読者様にも呼び掛けたら、皆さん真面目にチャレンジしてくださって、「1ヶ月ちょっとで二万円以上も貯められた」という声や、「現金を取り扱うことが極端に減ったから、忘れていた貯金箱を開けてみて、そこから白い硬貨だけを貯金し、なんとか間に合いました！」という声など、色々なご報告をいただきました。

意識して貯金する、しかも白い硬貨だけ、ってなかなかやらないので、皆さんそれぞれに楽しまれたようです。

では、そろそろ本題に戻ります。
このワークを実際に最後までやってみた方はおわかりかと思うのですが、換金した一万円札で本当に欲しいものを買ってください、と言われると、意外に「え？　どうしよう！」と思われませんでしたか？

いつもだったら、あれも欲しいこれも欲しい！　と思い描けているのに、なぜなのか自分で貯めていた白い硬貨貯金を使うことに対しては、謎のブレーキがかかってしまいませんでしたか？

だからこそ、本当に欲しいものは何なのか？　を自分に聞き込むチャンス！

もちろんこの一万円札にいくらか上乗せして欲しいものを購入することも可能です。
このワークの6.で一万円札を使う時、神社ミッションと呼ばれるお賽銭箱に一万円札を奉納する時と同じような感覚を抱くかと思います。
自分に使っているのに、なぜかとてもざわついてしまうかもしれません。

だからこそ本当に欲しいものとは何か？
まさしく自分の決定を信頼できているか？　が問われるワークなのです。
「買っちゃった」「使っちゃった」と思うのか。
「やっと手に入れることができた！」と思うのか。

ここまで意図を乗せると、今後のお金の流れもグンと変わってくるだけでなく、さらには、自分の決定を信頼できる自分になることで自分の肯定感も大きくアガってくることを感じられるはずです。

かわいくなるために、一見、関係ないように思えますがお金の不安やお金との向き合い方は、とても顕著にお顔に関わってくる欠かせないポイント。
このワークを通して、ぜひ、自分の決定を信頼できるようになってくださいね！

お菓子の配合にヒントあり！

次の章に入る前のお口直しに、ちょっとブレイク？　話題を変えます。

三十代の頃、私は何を思ったのかパティシエに憧れ、お菓子教室に通ってました。

四年通いましたが、習い始めた瞬間にパティシエの道は諦めました。

たくさんの知識と経験、それにとても力がいる仕事なんですよね！

プロは諦めたものの、学んでいて、すごく面白いなと思ったジャンルがあります。

バラエティー豊かな焼き菓子の種類です。


フィナンシェ、マドレーヌ、パウンドケーキ……。


といったようなあの系統のお菓子たち。

王道の焼き菓子たち。

似ているんだけれど食べてみると味や食感は違うし、その歴史や誕生した背景も、それぞれ違うんですよね。

とはいえ、似ているからには材料がほぼ同じ。

小麦粉、たまご、砂糖、バターを使っているのだけれど、それぞれの配合（分量）が違うだけだったりするのです。

配合がちょっと違うだけで、材料は同じなのに味にも口触りにも違いが出て、お菓子としての名前も変わってしまうのです。

これって、「かわいい」や「綺麗」を作るのにも同じようなことが言えるのではないかなって私は思うのです。

私は「アカシックリーディングでかわいくなる」というセッションをさせていただいているのですが、その際に、理想の芸能人のお顔についてクライアント様にお尋ねすることがあります。

そうすると、人それぞれ、理想のお顔というものは違うものの、皆様どこかご自身に似た雰囲気を持った芸能人、有名人の方の名前を挙げてくださる傾向にあるな、ということにある時気づいたのです。

このことから、急にメルヘンチックな表現に聞こえるかもしれませんが、お菓子で例えるなら、あなた（マドレーヌ）とあなたの理想の芸能人（フィナンシェ）は、あくまで同じジャンル（焼き菓子）であり、その配合や工程だけが若干違う。

そんなシンプルな違いでしか区別される点はないのではないかという発想に至りました。

その配合や工程で、その方ひとりひとりの今までに至る環境や歴史、性格や雰囲気などのエッセンスが加わり、違いを引き立てていくのです。

……どうしたことでしょう？

著者は今、お腹がすいているのかな？　と心配になった読者さま、もうしばしお付き合いください。

私がお伝えしたいのは、良くも悪くもそのエッセンスが作用することで、あの人は理想だけど、現実の私は程遠い……と、距離を開かせてしまうのではないかということです。

本来、憧れのあの人とあなたは「構成は同じ」じゃないかな？　と思ってみましょう。

どうでしょう？　思い当たる点はありませんか？

実はあなたのお顔は憧れのあの人のお顔と同じジャンル。

そういう風に思えてきませんか？

ですので、私の考えのまとめとしてはこうです。

憧れの誰かがいる場合、あなたとその憧れの方は同じ原材料であり、ちょっとの配合の違いがあるだけと捉えること。

「いくら他人に憧れたって、自分は自分でしかないんだよ！」と思ったり、人から言われることもあるかもしれません。

そういう風潮もあることでしょう。

ですが私はあえて、憧れの顔、憧れのあの人、ああいう風に生きてみたい！　という理想の存在を持ち続けることは大事だとお伝えしたいのです。

そこに余計な諦めや言い訳を配合して距離を作らないことです。

ほら、焼き菓子だって生地に余計な空気は入れないようにしますよね？

あなたは、ちょっとした心の持ちようで憧れのその人のように変わることが可能です。

この思いを抱きつつ、誰にでも「整形レベルでかわいくなる力」があることを次の章で知っていただきたいなと思います。

第4章

整形レベルで
かわいくなる力が
あることを知るために
しなければならないこと

「誰から見てもかわいくなった」が達成ライン！さらに変化を続けよう！

スピリチュアルの力を借りてかわいくなる方法、特段何もせずに（現実のエステなどに通わずに）かわいくなる方法、というレジュメはきっと私の他にも発信をされている方はいるかと思います。

それぞれにやり方やノウハウがあって当然の分野ですから。

ただ、「一般的な美容方法を用いずに、目に見えない力でかわいくなろうよ！」と、提唱する場合、陥りがちなパターンがあることは覚えておきましょう。

それは、仲間うちだけ、つまり小さなコミュニティの中だけでの「かわいくなった！」の称賛によって目標が達成されたと判断し、変わることへの挑戦を終了してしまうパターンです。

残念ながらよくお見かけします。

ご本人がそれで納得しているのなら構わないのですが、そこに違和感や疑問を感じませんか？

私は、「誰から見ても前よりかわいくなった」という事実が大事だと思っています。

そしてそれを他の人や第三者の口から聞くことが整形レベルにかわいくなった！　と自覚してよい必須条件だと思っています。

実際に私自身、この条件をクリアしています。

やはりこのラインを越えると達成感が違います。

自分自身に納得できるのです。

女子ならではの、仲間うちの挨拶のような「かわいい」「かわいい」とは違い「誰から見ても」というのはかなり大きな外せないポイントだと思っています。

では、どうしたら条件をクリアできるのでしょうか。

まず大切になってくるのは自分が今、身を置いている環境です。

ここ、とっても重要なポイントとなってきます。

あなたの周りを一周見渡してみて、どんな人々に関わって生きているかをよーく見てみてください。

私が今までで一番かわいくなかった暗黒期というのを思い返してみると、携帯電話のサポートセンターに派遣で勤務していた時が挙げられます。

三十代に差し掛かろうとしていた頃だったでしょうか。

プライバシー保護の観点からか、毎日席替えがあって、毎日隣に座る人が変わる女性だけのオフィス。

ということは日替わりで、そのお隣になった人とお話をする機会があるわけですが、このお話の内容というのが、

「結婚できない」「親が病気」「誰々が死んだ」

「あいつは仕事ができない」「節約のために毎日が納豆ごはん」

という、女子の世界だとは思えないような全くもって華のないエピソード。

日替わりで、私の耳に吹き込まれてくるのです。

派遣社員だし、もちろん最初は耐えるしかない……と黙って聞いていました。

新人だったということもあり、ニコニコと聞くしかなかったのです。

しかし１ヶ月も経った頃には、私のニコニコも消えていきました。

そうして２ヶ月も経てば、身も心もブサイクになっていたのが自分でもわかります。

生まれてからずっと「かわいい」とは縁がないと思っていた私ですが、呼ばれるようにして、このような環境に自ら飛び込んで行ったのもまた私だった、ということです。

とはいえ、この時はまだ「かわいくなりたい！」と思い始めることはありませんでしたし、「この環境は分相応なのだな」と受け入れていたのです。

これが当たり前の世界なんだと。

今の私だったら、この環境に身を置いたとしたら１日で辞めていることでしょう。

ですが、この時は３ヶ月は続けていたのですよね（それでもかなり短いのですが）。

仕事はラクでしたが、環境が本当によろしくなかった。

このような環境の中でも存在する、女子特有の「かわいい」「かわいい」と褒め合う不毛のコミュニケーションからは、さほどその効用は得られない、ということは学びとなりました。

あなたはどうですか？　仕事はラクだけど、待遇は良いけど、環境が最悪！　というところに身を置くのは結構キケン。

私はそっと身を引きましたが、それ以降、自分の身を置く場所についてよくよく吟味するようになりました。


たった一度しかない人生です。


ちょっと背伸びしてみる、憧れの世界へ思い切って飛び込んでみる。

その場にいるだけでもシャンと背筋が伸びるような環境へ身を置いてみることです。

その環境は間違いなくあなたを劇的にかわいくさせてくれることでしょう。

どこのコミュニティで「かわいくなった」と言われているのか？

ここを客観的に見ていくことが大切です。

私のもとを訪れたクライアント様のお話です。

その昔、自分の親から「かわいくない」と言われたことがとてもショックで、以来自分はブサイクなんだと思い込んでいらっしゃいました。

自分の親、家族という、一番近い「コミュニティ」でのその発言。

想像以上にショックだったことがうかがえます。

一度はかわいくなることをすっかり諦めていた彼女でしたが、3ヶ月の継続セッションを終えると、お顔がキュッと引き締まり、パーツが内側に寄ってきたのがわかりました。

3ヶ月で彼女は自信を身につけられたのです。

すると、結婚には興味がないと言っていたはずの交際中の彼からプロポーズされ、トントン拍子にご結婚！

今では幸せな奥様となられています。

一番近いコミュニティである家族から「かわいくない」と言われた彼女は、そのコミュニティだけにとらわれずに、もっと遠くを見渡せるようになったのです。

それによって、彼に次のステージを共にしたいと踏み出させる程のかわいさを身に纏えるようになった、ということなのでしょう。

彼女の輝きは今、他の誰かにもどんどん伝染していることでしょう。

もう一度言います。

どこのコミュニティで「かわいくなった」と言われているのか？

ここを客観的に見ていくことが大切なんですよ！

環境を選ぶことは自分でできるのですから、よく見渡してみて、考えてみてはいかがでしょうか？

愛もお金も、与えてもらうことを自分に許可し、受け取る力を身につけよう！

私は自分のことを、「愛」や「お金」に対し受け取り下手だとは思っていませんが、実はまだまだ受け取り下手だという噂もあります。

昨年（二〇一九年）、著名な方たちのお食事会に交ぜていただいた時のことです。

そこに呼ばれること自体が奇跡だと思いながら嬉々として出向いたわけですが、いざ、そのテーブルについた途端、急速冷凍したかのように固まってしまった私。

「美和さんは、華があるね」と言っていただいたのに対し、

「（プルプルプル）そ、そ、そ、そうですか〜〜〜？（謙遜）」

という返事をしてしまったのです。もちろん無意識に。

著名な方に「華があるね」って言われて、全く受け取れなかったのです！

するとすぐにその方が、

「遠慮とか謙遜ってしちゃダメだよ」

「せっかく褒めてくれた人は、もういいや、って思っちゃうよ」

と、アドバイスをしてくださったのです。

たった一言のやり取りに、とてつもなく大きな稲妻というか、まるで火球が落ちてきたような衝撃を受けました。

それまでは、私って受け取り上手！　くらいに思っていたのですが、実は全く受け取れていなかった、という事実を思い知ったありがたい出来事でした。

それからというもの、本当に本当に「受け取ること」に対して意識をしています。

極端な話、今だったら、どんなに高貴な方に「華がありますね」と言っていただいたとしても、「ですよね♡」と答えることができるでしょう。

著名な方だから、すごい人だからと勝手にランクをつけて線引きしていたのは私であって、これこそ失礼にあたるのかもしれません。

褒められたり、お金をいただいたり、ということに対して「受け取る器の間口」をどんどん広げていくことは大切です。

受け取り下手関連として「お金のブロックがあるんです」というお話もよくお聞きします。

この「ブロック」って一体なんでしょう？

私はこの「お金のブロック」というフレーズをクライアント様の口から幾度となく、何年も前から耳にしています。

もしかすると、あなたも耳にしたこと、口にしたことがあるかもしれませんね。


レゴ・デュプロをご存知ですか？

あのレゴブロックのシリーズのひとつです。

シリーズの中でも一番初心者向け、赤ちゃんでも遊べるレゴなのですが、そのブロックだって、時を経て、次のレベルのブロックである「レゴ（ノーマル）」へと子どもたちの興味の対象は変化していくのです。


私は「お金のブロック」もそのブロックと同じだと思うようにしています。

レンガがきちっと積まれたブロックなどではなく、あのカラフルなブロックというのがミソです。

何だかそれだけで少し心持ちが変わりませんか？

「お金のブロックがあるんです」と口に出す方は、何年も同じことを言っている場合が多いように思います。

いつまでも初心者向けブロックで思考停止しているばかりではもったいない！

次に次に、楽しく面白いブロックがある。

そう考えるようにしませんか？

「お金のブロック」というたとえでお話ししましたが、美意識へのブロック、褒め言葉に対するブロックなど、様々なブロックにも同様のことが言えますね。

私は、前述したお食事会にお呼ばれしたことで、褒め言葉を受け取れないという「ブロック」を外すことができ、拓けた先にはもっともっと魅力的な世界があるのだと実感しました。

今度はあなたもブロックばかりに思考と時間を取られず、「受け取る器の間口」をグイッと広げて、こぼすことなく、与えられた物事を受け取ってくださいね！

受け取り上手となることで、お顔つきがとても魅力的に変わっていくのがわかりますよ！

かわいく生きることを諦めないで！　劣弱意識から解放される方法

いいですか？

あなたは自らの力としてすでに持っている力で、かわいくなれます。

「整形レベルでかわいくなる」という力をすでに兼ね備えているのです。

それに今、気づく時がやってきました。


私のクライアント様に、重度のアトピーでお悩みの方がいらっしゃいました。

顔にも首にも全身にも広がるアトピー性皮膚炎の症状。

様々な薬を試したものの、どんどんむくんでいくし、鏡をみることさえも恐怖。

彼女は海外に移住されていたこともあり、現地の病院とそれまで通っていた日本の病院との環境の違いなどにも当時は、いっぱいいっぱいといったご様子でした。


そんな中、私のセッションが目に留まったそうで、海外よりオンラインでのセッションを継続して受けてくださるようになりました。

鏡を見るのも恐怖だとおっしゃっていた彼女は、オンラインの画面を通して、私にそのお顔を見せてくださいました。

女性であれば、ちょっとした肌荒れにも敏感にマインドが左右されてしまいますよね？
彼女の場合は重度のアトピー。
マインドは左右されるどころの話ではなく、どん底以下に潜っていたのです。
しかし、どんなにマインドが低迷していようとも、一筋の光を見つけたかのように、
こうして、私の元へ来てくださった。
そんな彼女の魂はとても美しかったのを今でも覚えています。

彼女は諦めてはいなかったのです。
そう、彼女は変わるきっかけをしっかりつかんだのです。

ご自身の顔を鏡で見るのですら恥ずかしいと言っていた彼女は、その後、ご自身がかわいく撮れたという写真付きで近況をメールしてくださるほどになられました。
その顔は自信に満ちていて、彼女の美しさを輝かせていました。

彼女のようにどんな状態であろうともかわいくなることを諦めなければ、あなたは整形レベルでかわいくなるのです。


とは言え、根性論だけで何とかしようということではありません。

たくさんの方と接する中で、諦めてしまうその原因として「劣弱意識」が強いこと、があるとわかってきました（私調べによる）。

この「劣弱意識」が強い方って、まだまだたくさんいらっしゃるのですよね。

特に、一九八〇年より前にお生まれの方々はその傾向が強いと感じています。


一九八〇年以降に生まれた方はミレニアル世代と言って、すでにインターネットや自撮りなんて言葉が当たり前となっていた世代です。

つまり、それ以前の世代の方々（もちろん私も含む）が「インターネット上に自分の顔が載るですって？　自撮り？　信じられません！」という感覚を持つ人が多いのに対して、ミレニアル世代の方々は自分の顔写真を撮ってネット上にアップすることにそれほど抵抗がない。

ミレニアル世代の方は、写真をアップする行動ひとつにしても「自分の写真をまじまじと見ることも無理！」「私なんて、絶対に無理！」「それをアップする意味がわからない！」
となる私たち世代とは「すでに感覚が違う」ということなのですよね。

……ということはですよ？
「私の写真なんて誰が見るの？」という発想。

それって逆に、自意識が高めっていうことなんだと思うんです。
その自意識って今の時代にはあまりマッチしていないと思いませんか？
時代にマッチしていない自意識過剰ということになるんです。

自意識過剰なのに、劣弱意識が強い。

これがですね、ガチガチの強固たるものになっているんですよね。
これからの時代、どんどんミレニアルもミレニアルな世代が増えていくわけですから、
「旬を終えた人」とならずに、どんどん新しいものにチャレンジしていってください。

誤った自意識過剰を捨てる時です！

見えないエネルギーは「旬」好き

想念エネルギー（※）と呼ばれる「見えないエネルギーの世界」というのは、「旬」な人や物事、「注目されている」人や物事に常に敏感で、いつだって応援してくれています。

※地球上に存在する生物による思いや感情など目には見えないエネルギーのこと。

「私は旬じゃないから」「私は注目されていないから」と潜ってしまわないで、どんどん新しいものや流行っているものにチャレンジしていくことで、見えないエネルギーの世界から応援されるというわけです。

手っ取り早く劣弱意識から解放されるには、「旬」と「注目」を上手に利用することをオススメします。

劣弱意識が強い場合、「旬」や「注目」を自分から遠ざけようとしてしまいますので、逆のことをするというわけです。

では、「旬」や「注目」って何をどう利用したら良いのでしょうか？

人気の観光スポット、新しくできた商業施設、行列のできる○○……。といったように、多くの人が集まる場所に出向くということが「旬」や「注目」を利用できる手っ取り早い方法なのですが、二〇二〇年は、三密回避の年となってしまいました。今は特に、逆に人気スポットになられても困るという方々も多いと思いますので、これは時機を見て、距離を縮められるようになったらぜひお試しください。

多くの人々が集まる場所には多くの想念エネルギーが溢れています。
先ほど私が「見えないエネルギーの世界」と表現したものもその一部です。

そこに身を置いてみる。
想念エネルギーをうまく利用できれば、大勢の人がいるから疲れる、ということは本来ないのです。

実は、多くの想念エネルギーを感じられたら、より元気になっていくはずなのです。

大好きなのでまたまた登場しますが、ディズニーリゾートに行けば、子どもたちも普段は絶対に歩かない歩数を歩けますし、どんどん元気になって帰りたくないと言い出します。

たくさんの人がいるけれど、確かにそこには心地好いエネルギーがたくさん流れているのです。

「ええ？　人ゴミヤダよ〜」

「ディズニーなんて待ち時間が多いだけで、何が楽しいの？」

と思っている方にこそ、この方法はオススメしたいと思っています。

あなたに「旬」と「注目」が味方してくれます。

とはいえ、今（二〇二〇年九月現在）は外出自粛ムードもまだまだ強い‼

でも打開策があるのです！

こんな時は、自宅でＳＮＳに自分の思いを投稿してみる、というのが効果的なのです。

現在のＳＮＳの投稿は、少し前とはニーズが変わってきたのか、かなり顕著な傾向として、見てる側は「本当にいいね！」と思う投稿にしか「いいね」しなくなってきています。

みんな本当にいいもの、リアルなものにしか興味を示さなくなってきたのでしょう。

ですので、投稿するなら、着飾ったセリフやちょっと盛った投稿ではなく、今のあなたの状態をそのまま映し出す投稿をすると、人は惹きつけられる。

外出できないうちは、この方法も「旬」と「注目」を味方につける、わかりやすい方法ですよ！　ぜひお試しください。


あなたは自分が思っているほど、かわいくない存在ではありません。

あなたはかわいくかわいく生まれてきたのです。

自分がそれをわかってあげないと、魂ごと拗ねてしまいますよ！

あなたの魂は、あなたを輝かせたいと願っています。


あなたが今、存在している意味を誰かに伝えるのです。

それは、今しかできない大切な時間の使い方でもあるのです。

何かの拍子に劣弱意識で魂を拗ねさせてしまったのであれば、ここで、機嫌を直してあげてくださいね！

あなたのお顔と、お部屋に溜まった紙類はリンクしていく

溜まった書類たち……。

今、こうして原稿を書いている私ですが、ふと顔を上げ周りを見ると、紙の山ができていることに気づきました。

我が家の子どもたちは二人とも小学生になり、日々、プリント類を持たされすぎなくらい持って帰ってきます。

あっという間に机の上はプリントの山。

ただ、これは私が溜め込んだものではないのです。

先に結論からお伝えしますと、紙類を溜め込んでいると持ち主のお顔にもリンクしていきます。

ほうれい線の横の部分、笑うとキュッと上がる部分ですね。

ここが、「たるーん」とだらけた感じになってきます。

これだけで一気に老けたようなイメージになってしまうもの。

さらに進むと、そこからエラにかけてのラインが強張ったような「凝り」のような塊を作っていきます。

これ、紙類が捨てられない方に多く当てはまる現象なのですが、ここが凝り固まってしまうのです。


どんな根拠があって？


いえいえ、根拠なんてないんです。

根拠はありませんが、今まで様々なクライアント様と接してきた経験から、お顔のこのラインがこう固まっていると紙類溜め込んでるな〜って容易に想像できてしまうのです。

捨てられない癖がそうさせるのでしょうか。

はたまた捨てられないという「思い込み」がそうさせているのか。

他のものは処分できても紙類だけ捨てられない、という方もいらっしゃいます。

プリント、仕事の書類に限らず、昔もらったお手紙を全て大事に持っているという方も結構多いんですよね。


ご存知でしょうか？

お手紙って、もらった時がいちばん鮮度がいいのです。

そして徐々にその鮮度は落ちていく……。

お手紙はできることなら、読んだ直後に処分してしまうのがオススメなのですが、ただ、想いが詰まっていると思うと、どうしても後ろ髪を引かれてしまいますよね。


それはわかるんです。わかるんですが、ここは思い切ってやってみて！

紙類の処分ができて、実はあんまり必要なものではなかった、ということに気づくと、不思議なことに、お顔に爽快なイメージが戻っていきます。


逆に、なんか今の自分の顔が野暮ったいな、下膨れしてきたな、と感じた時は、身の回りの紙類の処分を先にやってみてはいかがでしょう?

処分する紙類なんてないと思っても、意外とどんどん出てくるものです。

どうしても捨てられない大切なお手紙などは、一〜二通であれば保管しても大丈夫です。

もしそれ以上ならデジタルデータ化して保管することはOKです。


そうそう、ブランド店の紙袋とかもね!

いつか使うからと溜め込んでいるものがあったら思い切って処分してくださいね!

卵巣癌の疑い! その時私は……

「夫が顔を大やけど! その時、彼が最も大事にしたものとは?」(P.66)の項で書いたように、今年(二〇二〇年)四月に夫が顔を大やけどし、救急搬送された病院を、今度は自分の診察のため、その2ヶ月後、私は訪れていました。


きっかけはオンラインサロンで仲間を募って試した7日間ダイエット。

参加者の皆さんからの「やせてきています!」との報告とは裏腹に言い出しっぺの私に

全くやせる気配がなく、不審に思ったからでした。

食べていないのに、お腹がぷっくり膨らんでいる、ということに気づいたんです。

特に夜は食べなくても、どんどん膨らんで苦しいと感じるほどに。


そこで、軽い気持ちで病院へ行ってみると、「腸が膨らんでいる」とお医者様があれこれエコーで調べ始めました。

軽い気持ちから一転、なんだかマズいことになった、という空気が流れ始めました。

ＣＴ、ＭＲＩ、レントゲン、血液検査、そしてまたレントゲン、また血液検査……。

１日にたくさんの検査をしました。

７時間ほど、検査に費やし、お医者様から告げられたのは……。

「卵巣癌の疑いがあるので、すぐに手術をしましょう」という言葉でした。

軽い気持ちで来たはずでしたが、軽い気持ちのまま帰ることができなくなってしまったのです。

オペも半年待ちと言われているその大きな病院で「緊急の患者のための枠があるんです」

と、１ヶ月後に手術の日程を決めてもらい、私は帰路に就きました。

両側の卵巣が大きく腫れており、そこにどうにも良からぬ黒い影がある。

その卵巣が大きくなったことで腸を塞いでしまい、パンパンに腸を膨らませてしまう原因となっていたのだそう。

私はどうやら1ヶ月後、卵巣と子宮とその周りの付属器も全て取ってしまうらしい。

今にして思えば、手術まで時間がなさすぎて、癌であるかもということに対して考える余地すらなかったというのが、正直なところでしょうか。

その時の私の思考はというと、

「女性ホルモンが分泌されなくなったり？」

「髪や肌の艶もなくなってしまうのでは？」

「一気に老け込むのでは？？？？？？？？」

これまた癌かもしれないと言われているのに、命のことよりも先に、「これから先、かわいくいられるのか?」ということを不安視してしまうのでした。

またしても思考を追い越した剝き出しの心の声。

「手術しても、かわいくいられる?」

こっちが最優先!

「女性ホルモン、出るのか出ないのか」

これが一番私を悩ませた疑問でした。

ネットで調べても、良くも悪くもたくさんの情報が溢れているし、今の私は正しい情報しか欲しくないので、自分で調べるということはほとんどしませんでした。

そこで、全く発想を変えて、私は緊急でライブ配信を試みることにしたんです。

初めてのライブ配信。

私のオンラインサロンの中だけでの配信をしてみようと思いました。

トークのお相手をお願いしたのは、現役産婦人科医師の関口真紀先生でした。

ライブ配信の中では、私自身の入院や手術のことはトークテーマにしないつもりでしたが、真紀先生の優しい口調に包まれて、ついつい、手術をすること、女性ホルモンが出なくなるのが不安なことをお話ししました。

「女性ホルモンが全くなくなるということはないんですよ」
「幸せホルモンを分泌していけばいいんです！」

と先生は教えてくださいました。

「幸せホルモン」の出どころとチャレンジの関係

・セロトニン
・ドーパミン
・オキシトシン

主にこの3つが俗に言う「幸せホルモン」の正体だそうです。

セロトニンは安心ホルモンとも称され、セロトニンが不足すると暴力的になったり、うつ病になったりするという報告もあります。

ドーパミンは快感のホルモンで、何かをやり遂げた後のご褒美的に放出されたり、まさに生きる気力というのもこのドーパミンが司っているのでないかという存在。

オキシトシンは愛情ホルモンとも呼ばれ、満足感や充実感、自己受容を最大に引き上げる幸せホルモンだと言えるでしょう。

他者とのスキンシップ、またはペットとの触れ合いによって生まれるあの感覚がそうです。

コラムニストの辛酸なめ子さんが、次元上昇（アセンション）のために、スピリチュアルなことを体験し続けるよりも、難しい本を読むよりも、「猫を5分撫でているだけで真理に近づける」とおっしゃるように、人や動物と触れ合うことでオキシトシンは分泌され、そして自分の心さえも抱擁していくことが可能なのです。

オキシトシンは自分一人でも分泌させることは可能だけど、やはり、第三者の力がとても有効になってくるのです。


オキシトシンを増やしたければ、思い切って、新たな環境に飛び込んでみる！

ということをオススメします。


今までとはちょっと違った視点での新たな環境。

今までの延長線上ではない環境がオススメ。


私も常に新しい刺激やリアルな情報が欲しいので、真紀先生のアドバイスをいただく前でしたが、たまたま今までとは違う環境に飛び込んでみていたところでした。

とある90日間でチャレンジするプログラムです。


そのプログラムに参加したのは五月だったので、90日目を迎える前に、私は病気が判明したということになります。

実際プログラムに参加できたのは前半だけ。

後半は全く参加できませんでした。

それでもその後半では、初めてライブ配信をしたり、手術をしたり、そうした過程をプログラムに参加していた仲間たちにもさらけ出せたことで、たくさん激励の言葉をいただきました。

リアルに繋がっているわけではありませんが、こうして仲間がたくさんのエールを送ってくださり、それは、リアルを超えたリアルにさえ感じました。

たった90日間ですが、私が手にしたものはとても大きかったのです。

その環境に飛び込んだことでいつしか私は、

・安心ホルモン（セロトニン）
・快感ホルモン（ドーパミン）
・愛情ホルモン（オキシトシン）

を自分で分泌することができるようになったと言っても過言ではないでしょう。

幸せホルモンは自分で生成して分泌させることが可能です。

繰り返しになりますが、オキシトシンは自分でも作れますが、「誰かと何かをする」ことで生まれるパワーがより大きくなるようです。
どんどん他者との関係を築いていくことが大事になってきます。
第三者の力が必要というのはそういうことです。

自分がどんなところに飛び込んでいくか？

ある程度刺激をもらえる場所がいいでしょう。
高い視座で見渡してくれる仲間がいる場所がいいでしょう。
安心と正しい情報を与えてくれる仲間がいる場所がいいでしょう。

「幸せホルモン」の作り方を知った私は、これからもどんどん新しい環境に飛び込んでみるということをやめないでしょう。
卵巣から女性ホルモンが出なくなった私が、今、こうして、特段おじさんになることなく「私」を保っていられるのも、チャレンジしたいという気持ちと、そこで新たに出会えた仲間のおかげあってこそだと思っています。

たった90日間。今だとオンラインでのプログラムもたくさん出ていますよね。

その際、大事なのはきちんと顔出しして参加すること。

自分をさらすことで、オンラインでもしっかりとご縁が結ばれていきますよ！


そして話が途中で逸れましたが、ご報告すると、私はたくさんの方々に大切な時間という命を分けていただいたことによってなんと、手術した腫瘍箇所は「80％良性である」と診断されたのです！


「ほぼほぼ癌です」

と診断されてからあまりの時間のなさに、死ぬ準備さえもできなかった私ですが「とりあえずライブ配信を！」と急な方向転換をしたことが良い結果を招いたのかもしれません。

そこに参加してくださった皆さんのエールをいただき、私は復活して退院することができました。


どんな世界に飛び込んでいくのか？

常に新たなチャレンジは続けていってくださいね！

ちなみに私は手術後2日目には、病室からすでに新しいプログラムへ参加を申し込んでいました（笑）

第5章

きらめきが連鎖する力を味方にするためにしなければならないこと

「周りの人にまでオーラが伝染するかのような」きらめきを纏っている〝あの人〟を見つける

先の章にもちらっと書いた通り、私は「ファスティング」をしてダイエットに成功した経験があります。

私の場合はファスティングというツールを使ったわけですが、世の中には他にもあらゆるダイエット法がありますよね。

とはいえ、あれこれ試してみたけれど、いっこうにやせられないしやせる気がしない。あらゆるダイエット本を読破してみたけれど、読み終わってもやせていない。変わっていない。

いつも同じことの繰り返しだと落ち込んでいる方も少なくないのではないでしょうか。

そしてまた安定の太ったままの自分。

私の人生ってイケてない自分でいる時間の方が長いのでは？　と諦めを感じたり……。

他人と比較してしまう要因を自らあれこれ作り出してしまったり……。

あのワンピースはもう着れないな、とサイズアップした洋服を選んでしまったり……。

やせたい気持ちとは裏腹に、やせられない自分、ダイエットに成功しない自分でいることをいつの間にか許容してしまっているのですよね。


どうせだったら、せっかくだったら、もう一度、チャレンジしてみませんか？


私がファスティングを行った際に感じたのは、

「ダイエットって脳が変われば、簡単にいつからでもできるのだな」ということ。

でも脳が変わるって？　もっと再現性のある伝え方は何かないかな？　と考えを巡らせていたときに思い出したのです。


「ステージを上げる」という、あの有名なスピリチュアル用語を！

「今よりも高い次元で」

「ステージを上げて」

「視座を高めて」

「宇宙からの目線で」


この感覚使える！

この感覚でダイエットに取り組めたら、今までとは違う成果が出せるのではないか！と閃いたのでした。


例えば朝食時。

私は朝ごはんは食べなくても平気な人なんですが、それほど食べたくない時にでも、子ども達がパンを残したら、「もったいない」と感じ、ついそれを食べてしまいます。

お子さんのいる家庭ではよくあるシーンかと思います。

でも本当はそんなに食べたくなかったのです。

「もったいない」からといって手を伸ばしてしまっただけなのです。

好きなパンだから食べたかったわけでもないのです。

結果、ああ、やせられないと落ち込むわけです。

そう、この例だとパンに手を伸ばしそうになった時こそが、「ステージを上げる」タイミング。

現時点より高いステージに上がったなら、その視点であなたに見えるのは、続く未来に後悔している自分か、それとも罪悪感にかられず、効率良く次の作業ができている自分か。

ステージを上げる感覚を取り入れることで、客観的に自分の近い未来が見え、落ち着いてどちらかを選択できるというわけです。

この場合、何か特別な良い行いをしたからステージが上がる、ということではなく、このようなささいなことを通して、自分から今よりも高いステージに上がりにいくという表現になるでしょうね。

そして、そのステージからの視界が自分にとってのいつも通りになってしまえば、こっちのもの。

あなたの未来は望む未来へとつながっていくことでしょう。

ダイエットの観点から、ステージを上げることについて書きましたが、やせたいの他にも、かわいくなりたい、綺麗になりたいという願いはいつだって女性の心を大きく占めていることでしょう。

ぜひ、この感覚を取り入れて、ステージを上げ、自分の周りを見渡してみましょう。

上から見渡してみると、燦々《さんさん》とオーラを輝かせている人はいませんか？

そんな人見つからない、という場合は、さらにもっと高いステージにのぼってみることをオススメします。

今いる環境もしくは、一段や二段のステージアップ程度の環境は、ひょっとするとあなたには合っていないのかもしれません。

ここだ！　というステージまで高められて初めて自分自身が鏡となり、その燦々と輝くオーラを発しているあの人から存分にオーラを浴びてください。

実は、あなたの鏡はそれを受け止め、そして反射させ、もっともっとたくさんの人にオーラを振りまいていくことができます。

しかしそれにはまず、前提条件があります。

「あなたの心がオープンハートであること」です。

これさえクリアできれば、始まりは誰かのオーラ（きらめき）であっても、それを自分の鏡が受け取ることによって、あなたは周りの人へ発光を送ることができます。

あなたが輝けば、周りの人も輝いていきます。

そういう美しい連鎖を生み出していけたら、いつの間にか素晴らしい仲間に囲まれていることに気づくことでしょう。

きらめきを纏うには、胸を開いた（オープンハート）状態を保てるようにしよう

「胸を開く」

「オープンハートな状態に」

あなたは意識して保てていますか？

私はアカシックリーディングの個人セッションをさせていただいてますが、対面時に、クライアント様が、ガチガチに胸の内を閉ざしてしまっていることは多々あるのですね。

特に、セッションを受けに来てくださった経緯はどうあれ、「スピリチュアルと呼ばれるもの全般を全く信用していません」という方なら当然、私の前で胸を閉ざしてしまいます。

私自身も数年前まではスピリチュアルを毛嫌いしていたので、胸を閉ざす気持ちもよくわかるんです。

でも、胸を閉ざすとどうなるか？　というのを知ってほしい。

おおげさじゃなく、今、必要な情報がキャッチできなくなってしまうんですよね。

どこか斜めの視点でものを捉え始めると、本当に必要な正しい情報を誤って受け取ってしまったり、あらゆる弊害が現れてくることがあります。

実際に私がそうでしたから、よくわかります。

直視できない存在の前では、斜めでいたい気持ちもわかります。

それでも、「あの人だから成功した」「あの人は生まれつき家が裕福だから」などと、ひねくれた感情を持ち合わせたままの斜め目線では、周りを見渡しても、見えるのはまるでダークサイドの世界。

そのままでは闇の世界に居留まるに過ぎません。

闇は闇を呼びます。

私はそんな経験から闇の世界に引っ張られたくはないなと思い、「自ら胸を開いていく、真っ直ぐに物事を見る」そう意識を変えていきました。

あなたは今日から、今からだって変わることができるのです。

早い遅いも関係ありません。

闇の世界が一概に悪いというわけではないのですが、私の元にセッションに訪れる方の多くは、「闇の世界から脱出したい」と願って来てくださる方が多いため、そのような方のために、この本にはこのように書かせていただいております。

私自身も、闇に引っ張られたくない！　という気持ちから変化を起こそうと立ち上がったわけですから。

「胸を開く」

「オープンハートな状態に」

って、これこそ目には見えない状態のことを指していますが、だからこそ、ここで意識して、その目には見えない状態をぜひ保ってみて欲しいのです。

あなたがもし、この状態を保てたなら、たいがいのことは「なんてことない」と感じられることでしょう。


だって私、宇宙と繋がってるんだもん。

くらいの開き直りにも似た感覚を知ることができるでしょう。


胸を閉ざしているよりもこうしてオープンハート状態でいる方が、何かとトラブルを回避できたり、良いお知らせが舞い込んできたり、と実にいいことづくめなんですよ！

なんと、この原稿を書いているまさに今、良いお知らせのお電話をいただきました！

あらかじめ仕込んだようなタイミング（笑）

今となっては、こうしてオープンハートな状態を保つことができる私ですが、以前は本当に心を閉ざしていた時期が長く、人に対しては不信感しか持てませんでした。

常にビクビクして、みんなが悪者なのではないかという被害妄想にも似た意識で人に接していました。


それが、意識し始めてからはどんどん心を開けるようになり、どんどん良い流れの波に乗っています。


今の私はセッションはもちろん、講座の時も誰かとお逢いしている時も胸を開くということを心がけています。

心がけないと、次第に閉じてしまうからです。

前述しましたが、胸を開くことによって、輝いているあの人のオーラも思いっきり吸収できるようになっていくんですよ！

閉じていたら、それこそ自分が本来求めている輝きにすら気づかずにスルーしてしまうことが多々あります。

オーラを受け止めるために前提条件があるとお伝えしたのはそのためです。

良い深呼吸と共に、自分のこうありたいという姿を思い浮かべたら、その理想像が発するオーラごと取り込むイメージで思いっきり空気を吸い込んでみてくださいね。
習慣にすることでどんどん、胸が開いていきますし、胸を開いていないということで、どんなに今までチャンスを逃していたかということにも気づくことでしょう。

質の良い深呼吸で、あなたの望む未来をどんどん吸い込んでくださいね。

微振動エネルギーが自分の体を取り巻いていることを知ろう！

アカシックリーディングでは、「動くこと」によって自分のエネルギーが回り出すことを重要視しています。
「動く」「アクションを起こす」ことで、あなたのエネルギーはグルグルと回り出すのです。

そこで注目していただきたいのは「微振動」です。

耳にされたことはありますか？

私たちの体には「微振動」エネルギーが今も、取り巻いています。

確かに自覚できる「振動」とは違い、「微振動」とはまるでゆらぎのようなエネルギー。

意識しなければ、気づくことすらないかもしれません。

この、「微振動」エネルギーは私たち自身から発生しているものですが、活性化させるにはやはり動くことも大切。


では、どうしても体調が悪い時、何もやる気が出ない時はどうしたら良いのでしょう。

実際私は、手術後の入院中は何もやる気が起きず、動くことだってできませんでした。

ただ何日も寝ているだけ。

ということは、この状態の私のエネルギーはストップしていたのでしょうか？

いいえ、こういう場合にもストップさせない方法はあります。
傷は痛いし、具合は悪いし、動けないし、どうすることもできない状態の中であっても、
私は「夢」を持つことを手放しませんでした。
それ以外のことは全部放棄したような数週間でしたが、夢だけは明確に、夢のことばか

り考えていました。

実際にその時の私は、「本（今あなたが読んでくださっているこの本）を出版したい」という夢がありましたし、この夢を叶えずに死ねないとも思っていました。

ああ、早く文章を書きたいなー……と思っては、寝る。

という生活を重ねていくうち、本が読めるようになって、パソコンを開けるようになって、書きたいことが見つかって、と徐々にできることが増えていきました。

その状況は、まるで産まれたての赤ちゃん。

赤ちゃんのように一日一日、できることが増えていきました。

具合が悪い時、どうしても動けない時は、こんな感じで一日一日できることが増えるのを待ちましょう。

それまでは夢を思い描くことで、頭の中を動かしていきましょう。

「思考をストップさせることが大事」と言われたりもしますが、どうしても体が動かない時こそ、「思考」を使う時です！

それが人間の素晴らしさ。

悪者化しやすい「思考」ですが、「思考」も「感情」も人間だからこそ持てるもの。

逆に具合が悪い時、体が動かない時に「感情」だけを優先させていたら、痛い痛い痛い痛い！　と、痛いが倍増していきます。

痛みを深掘りしている場合ではないのです。

それよりも、あなたの頭の中が明るくなるような夢を思い浮かべてみてください。


夢や希望がある人は、やはりこの「微振動」エネルギーがキラキラと取り巻いているのを感じます。


だいぶ前に「キラキラ起業女子」という言葉が流行りましたが、自分のやりたいことに向かって夢を持って進む女性は、たしかに「キラキラ」していると感じます。

それがまさしく微振動エネルギー。

微振動エネルギーは誰にだって発生しますし、いつからだって、どんな時だって、発生させることができるんです。

そう、病床の私のように。

もちろん、これらも目に見えるものではありません。

目には見えませんが、この部分を大切に保っていて欲しいのです。
そんなこと時間の無駄だと思われるかもしれません。
それでも、この微振動エネルギーを発生させることを止めずに、自分にも微振動エネルギーが取り巻いているんだと、認識できるようになれば、夢や希望への道はどんどん近づいてくるのです。

夢実現へ遠回りなようで、実は近道だったりもします。

入院中でもできることなので、しっかりと意識さえしていけば、誰にでもできます。
何も難しいことはないのですが、まさに信じるか信じないかはあなた次第、というくくりになってくるのではないでしょうか。

実際に私は、入院中でもそのように自分の夢を思い浮かべただけで、徐々に微振動エネルギーが発生し始め、退院後には自分は動かなくても大丈夫なお仕事がポンポンッと舞い込んだり、入院前に参加していたとあるプログラムで一八〇名の方の前で発言をする機会をいただいたりと、入院前には考えてもいなかった世界へシフトすることができたのです。

ちなみに、私は今回が4回目の入院です。
今までの入院では「痛い」「苦しい」「辛い」の感情論ばかりだったので、退院後に新たな世界へシフト！　なんて経験をすることはありませんでした。

あなたにもキラキラとした微振動エネルギーは取り巻いています。
目には見えないものゆえ、目に見えるものに囚われてしまった時こそ、このことを思い出してみて欲しいのです。

例えば、あの人の家庭が羨ましい、あの人のパートナーシップが羨ましい、あの人にはすぐに彼氏ができるのはなぜ？　と、他人を羨ましく思ってしまう時は、この「目に見えるものに囚われている時」です。
そこばかりにフォーカスするのではなく、自分の微振動エネルギーは発生できているか？　ということに意識を向けて欲しいのです。

それによってますます、あなたはキラキラしていくし、かわいくなっていくのですから。

目には見えないものにこそ、あなたの運を好転させる大きな力が宿っているんですよ！

Q&A+α

かわいくなるヒント大集合！
オンラインサロンでよく質問されることをまとめてみました。

Q．なりたいスタイルがあるのにやせられません（特に下半身）。やせられないと着たい服が着られないし、悩んでいます。そして美肌にもなりたいです。〈40代・専業主婦〉

A．美肌には睡眠と良質なお水をこまめに飲用することはもちろんですが、やはり女性はなんと言ってもホルモンバランス。
特に薬であれこれ調整するということではなく、毎日小さな小さな発見と小さな感動を見つけていくだけでも、ホルモンバランスはぐんと向上します。
肌がなんだか調子悪いな、と感じた時は、不満なことに目を向けていないか、軌道修正をかけるチャンスです！（ちなみに私は玉造温泉 美肌研究所 姫ラボのオールインワンゲル「クリセラ」愛用中です）
そしてなりたいスタイルがあるとのことですが、この場合、なりたいスタイルの女性の近くに身を置くのが一番スパルタで即効性があるダイエット法ではないでしょうか。
危機感を抱くことでウエストがキュッと締まっていくのがわかることでしょう。日頃から誰かに会うということを意識してみてくださいね。なんとなく、毎日会ってるから、では全く刺激になりませんのでね。毎日を特別な日として過ごしてみてください。

メイクもファッションも気合いが入ってくるはずです。

Q．気をつけているつもりなのですが、気を抜くと仏頂面になってしまうことがあります。口角が下がっているから、周りの方に近寄りがたい印象を与えているのかなと感じることがあります。

〈40代・音楽講師〉

A．そうですね、私も気を抜けば仏頂面になっていることが多々あります（笑）
それで、そんなあなたにとてもオススメなのがストリームヤードというアプリです。

素人でも簡単にTV配信ができちゃうようなツールなのですが、私はこれを使ってみて愕然としたのです！

パソコンに自分の顔が「反転」して映るのですが、これがまるで別人なのです！

そもそも人の顔って、左右対称であることってほとんどないと言われています。

試しに、大きめの鏡をお顔の真ん中に持ってきて右の顔を映した時と左の顔を映した時とを見比べてみて欲しいのですが、かなり衝撃的な顔が浮き出てくるのではないかと思います。

左の顔が心の顔だ、とも言われています。左がキツそうな顔だったら、キツイ一面を隠しているのかもしれません。右は人にどう思われたいかの顔だ、と言われていますが、確かに私の右顔はタヌキのような顔をしているんですよね！

それで、そのストリームヤードを使って顔を映し出すと、いつも鏡で見ている自分ではない顔がそこに現れるので、しばらくは身動きが取れなくなるほどなのですが、何度も見ているうちに、私の顔って左がこうなってて、こう見られてたんだ！　という大きな気づきを得ることができるんです。何も世界に向けて自分の顔を配信しなくても大丈夫です。カメラチェックだけで、とても大きな驚きに出会えることでしょう。

何度も何度もトライしていくうちに、自分の顔が左右対称に整ってくるのがわかってきます。このツールはなかなか画期的です（笑）

この画面に自分の知らない顔を映し出すことで、第三者にどう見られているのか？　と、とても客観的に自分のことを見ることができるので、気づけば仏頂面も解消してくるはずです！

Q．醸し出す雰囲気を大人美人にしたいんです。「この人、ちゃんと自分を生かして生きてるな」と感じた時に、その人みたいになりたいと強く感じます。〈30代・カフェ勤務〉

A．雰囲気美人になりたい、雰囲気や仕草を柔らかくしたい、しなやかな所作を纏いたい。といったご相談を多くお聞きします。

これはズバリ……「言葉使い」を最上級の上品なものに変えてしまうことをオススメします。

言葉使いを上品にすることで自然と挨拶の仕方から、指先の動き、歩き方まで変わってきますよ。言葉の端々にまで神経を送るように、どんな言葉を選ぶのということにも妥協を許さず、訓練あるのみです。例えば、マナー講師をされている方や話し方を教えている講師の方って、やはり普段から女性らしい佇まいを保たれていますよね。

私は10年以上前ですが、販売員の仕事をしていた時に、この上ないくらいに丁寧な言葉使いを身につけなければならず、とても苦労した経験があるんです。言葉使いは普段使いがとても大事。

そして周りの影響も受けやすいのが言葉使いを訓練する上で肝になってきます。

美しい言葉使いができるようになったら、自然と立ち振る舞いも、指先の動きも身のこなしも、立ち姿も常に常に意識するようになりました。

が！

なんということでしょう。

私の場合、せっかく身につけた美しい所作もその職場を離れたら、あっという間に忘れてしまうのですから習慣って侮れません。

改めて普段、どういう生活をしているのか？　どういう環境に身を置いているのか？

自分を知る良い機会にもなるので、一度「言葉使い」に向き合ってみてはいかがでしょう？

「美しい所作や雰囲気を纏うこと」

これはちょっとの努力で成果が出やすいのでぜひやってみてくださいね！

Q．背筋がしゃんとしてて、凛とした立ち姿の綺麗な女性を見ると、それだけでかわいいと思うのですが、私は姿勢が悪くて、なかなか直せないのが悩みです。〈30代・元教諭〉

A. 姿勢が良くて、肩も開いていると自然と胸が開くので、宇宙から気づいてもらいやすいですよね。「あ、あの人に宇宙からのプレゼントを贈っちゃおう！」と、どんどんあなたのアカシックレコードから自然とエネルギーが注がれてきます。

姿勢が悪いと、宇宙から気づいてもらえないどころか、首元に悪い気が溜まってしまうことにもつながります。また、呼吸が浅くなってしまうので、自分のアカシックレコードの扉が閉ざされてしまうことも。気づかないうちについつい姿勢が悪くなることもあるかと思います。

オススメなのが両手を後ろで繋いで、遠くへ伸ばすこと。思いっきり遠くに伸ばすつもりで繋いだ手を後ろへ後ろへ。顎を少し引いて、みぞおちに意識を向けてみてください。肋骨から、まさに胸が開く感じがわかるかと思います。この動作をデスクワークの休憩時間などに一日三回試してみてください。ポイントは姿勢を正したいと思うよりも、宇宙から恩恵を授かりたい！　と思いながらやってみること。こっちの方が長続きしたりするんですよ！　宇宙からのギフトを胸でキャッチするつもりでやってみてくださいね。

Q．時間がなくてお化粧ができないままスッピンで仕事をしなければならない時、どうしてもノリきれません。また、仕事中にネガティブ発言をした時や、良かれと思って厚かましくなった時、なんとも言えないモヤモヤに支配され落ち込んでしまいます。

〈40代・ネイリスト〉

A．私が冴えないOLだった頃は、会社にお化粧していくのはもったいないとさえ思っていたんですよ（笑）メイク道具が消耗するのがもったいないと思っていました。

あなたが今、スッピンのまま仕事につくと本当にノリきれないと切に思っているということは、そのお仕事にあなたの時間という命を注いでいるのだなと感心します。

申し訳なさそうにしていると、かえってやるべきことが次々増えて、メイクするタイミングを逃してしまったりすることになりかねないので、時には開き直ることも大切です。

ハッタリ力を身につけましょう（決してオバタリアン根性を強化しようという意味ではないのです）。あなたが乗り気になれないことの方がもったいない！

なので、私は職人なんだ！　というオーラを纏ってメイクしていないことすら忘れられたら、素敵な施術ができますよね。

とはいえ、こっそりTゾーンにハイライトを入れるなど、一瞬でできる緊急処置で宇宙

からの恩恵を味方につけちゃいましょう！（Tゾーンが光っていると、宇宙に気づいてもらえます）

あとはカサカサしているより、天然のつや（というか脂）の方が輝いて見えますので、職人の光る汗を味方にしてくださいね。

Q．口角が下がっているところと眉間のシワで不機嫌そうに見えて困っています。眉間が開いていて広角が上がったら幸せそうな顔に見えるのに～！

〈50代・起業家〉

A．わかります！　私も乳幼児期の子育て中って、どうしても一人でプンプンしちゃって、かと言って小さな子どもに怒るわけにもいかず、その矛先が私の眉間に集中していました！（笑）眉間の縦ジワが2本、マジックで書いたみたいにくっきり残ってしまい、このまま消えないんじゃないかと思いとっても焦ったのを覚えています。今よりももちろん若い40歳くらいの頃の話です。縦のシワがあるだけで、とっても悲愴感たっぷりな表情になってしまう。それればかりでなく「この人はいつも怒ってるんだな」という印象を与えてしまう原因にもなるなと思い、さあどうしようと対策を考えた結果、オススメの魔法を思いついたので試してみて欲しいと思います。洗顔時に前髪の部分を思いっきり上げて、ゴムで結んでください。おでこが丸出しになるように。ちょっとつり目になるくらいでOKです。

洗顔後、たっぷりと乳液を塗って浸透させ、肌を柔らかくした後に、化粧水をコットンではなく素手で両手で押さえるようにしみ込ませていきます。しみ込んだと思ったらもう一度、さらにもう一度と三回化粧水をしみ込ませてください。そして美容液です（これらは値段が安くても高くても特に気にしなくて大丈夫です）。美容液を塗ったら片方の眉毛の眉頭の部分を（左眉だったら左指の）中指で軽く押さえます。あくまで軽くです。

そしてもう片方の手の中指で（この場合、右の中指）鼻の頭からその眉間のシワを下から上へ、そして眉に沿って細胞を流してあげるようなイメージで、撫でてみてください。優しくシワを癒すように。5回撫でるくらいで良いでしょう。中指からのお手当てをしっかりと感じるようにレイキヒーラーになったつもりでやってみてください。私はこのマッサージでおでこを出して外出できるようにもなりましたよ！

Q．今年五十歳になった途端に、顔に年齢が表れてきたのを感じます。パッと見た印象、オーラもかわいく美しくなりたいです。〈50代・公務員〉

A．オーラもかわいく、美しくなりたいという場合は、本書の中（第5章　きらめきが連鎖する力を味方にするためにしなければならないこと）にその方法を書いているのでそちらをご参照くださいね。パッと見た印象もオーラもかわいく美しくなることはいつからでも何歳からでも可能なのです！

時間軸に囚われていることによって、人生も年齢も余命さえも、限られた中で考えてしまうのです。

私たちの身体は内側も外側も24時間絶えず動いてくれています。

内面（臓器）を休ませてあげることはもちろん、外側のケアもしてあげてください。

臓器を休ませるには、暴飲暴食をやめて、ファスティングをしてみるのもひとつの手。

しっかり湯船に浸かって汗をたくさん流すのも不要な水分を出すお手伝いができますよね。

外側のケアは、プロにお願いするのが良いかと思います。オイルを使ったマッサージやエステなど。費用は発生しますがその癒しの効果はやはり絶大です。

さらには自分ではない第三者に施してもらうことで、「見られている」という刺激を受けることも重要ですよね。「見られていない」と思えば、どんどん老けていきますから、常に見られているところに出ていくことも大切です。

私は今年、入院をしていたのもあって、退院後は外に出ることも、オンラインで誰かと顔を見てお話しすることもしばらくの間はお休みしていたんですね。

するとやはり、どんどん見られない方へ、見られない方へと自分から裏道を選ぶようになってきたのがわかったので、軌道修正をかけて敢えて美容室を予約したり、写真撮影を予約したり。「予約するだけなら今すぐにできる！」んですよね。

そうやって、敢えて人に会う約束を自分から設けていきました。

約束することによって、相手側にも喜んでもらえてコミュニケーションが生まれます。目には見えないコミュニケーションですが、それによって私がどんどん活性化していくのがわかるのです。コミュニケーションも石灰化しないことが大事。

固まりそうになったら、自分からアクションを起こしていきましょう！

それによって、年相応には見えない自分を更新していくことができるんです。

Q.「美」へのブロックが強いことが悩みです。私なんて……が炸裂して自分へのダメ出しのオンパレード。自分に厳しすぎるのでしょうか？
〈40代・カウンセラー〉

A.この場合の「自分への厳しさ」というのは、美しくなることへの拒絶感が強いという意味合いなのかと思うので、その前提でお話しさせていただきますね。
「美」へのブロック（美しくなることへの抵抗）も自分に厳しすぎることも、どちらも目には見えないモノサシで測っていますよね？

あなたにとっては1メートルも10メートルもある「塀」なのかもしれない。

それでも私や第三者にとっては、その壁は見ることはできない空想のものになってしまうのです。

どうせ目には見えないものならば、せっかくなので「私、実はかわいいかもしれない」というような、平らなエネルギーに変えてみてはどうでしょう？　「塀」を作る必要がなくなりますよ？

「美」へのブロックが強いと認識されている時点で、あなたはかなり美意識が高いかと思います（笑）今までは戦う相手が自分自身だったかもしれませんが、今日からは昨日の自分と戦っていけば良いのではないでしょうか？　日々、私は実はかわいいかもしれない。

実は美人かもしれない、と思いを重ねていくことによって、昨日よりかわいい自分、美人な自分に出会えることでしょう。

Q. 外見は肥満体なのに、心では「Mサイズに戻したい」と常に思っていて、それを達成できない意志の弱さと甘さに、こんな自分はダメだと思ってしまいます。今はお洋服選びも、サイズから選ばなくてはいけなくて、本当に好きなデザインを選べないのが悩みです。
〈40代・セラピスト〉

A. あなたは本来、とっても美意識の高い方だと思います。
好きなものがしっかりわかっているのに、それに身を包めない敗北感。悲しいですよね。

私にもわかります。そして今はその理想の体形を前にして、美味しいおやつが現れたらすぐに食べてしまう、そんな感じなのでしょう。それって、要するに優先順位が完全に「食べ物」となっているのですよね。私も食べることが大好きなので、よくわかります！

私も優先順位の1位が食べ物になってしまいがちなんです。そんな時は、一旦、その手をその頭を落ち着かせて、グレープフルーツのアロマを焚いたりしながら、「食べない」という選択もあるということを脳に送ります。香りを吸い込むように、ぐっと頭の上の方に意識を持っていって。お腹すいた、何か食べたいという衝動から、上に上に意識を持っていってください。

あなたは本来、美意識が高いのです。

だからこそ、今度はできるはず。自分がダメなのではなく、優先順位がそうさせているのであって、そうであればその優先順位を変えてしまえば良いだけなのです。

ドッとやせる時って、そうして脳の中の優先順位が変わる時なんですよね。

Q．男性です。かっこよくなりたいのですが、目が一重（奥二重？）なので二重だったらいいのにと思ったりします。目ヂカラがあってセクシーなオーラのある人に憧れます。

〈40代・珈琲焙煎士〉

A．男性からのご質問、嬉しいです。

私は切れ長の一重の目の男性がとても好みなので、全然、いいんじゃない？　と思ってしまいましたが、ご本人の希望のお顔って千差万別ですからね。

やはり男性にも憧れの目の形や雰囲気があるのですよね。

ちなみに、我が家の次女はものすごい一重で生まれてきまして……私も夫も二重なのに、なぜ？　これって遺伝じゃないの？　と思いながら、女の子だし、なんとか二重にならないものかと常にまぶたをジッと眺めていました。もちろん赤ちゃんだし皮膚も薄いので、何か施すことなどできません。顔を洗う時に赤ちゃんガーゼで優しく拭うのが精一杯。そこで、赤ちゃんガーゼで目の周りを拭う時、ゆっくり、力を入れずに目頭から目尻にスーッと赤ちゃんガーゼを滑らせたあと、目尻の部分に指を待機させます。すると目をパチパチと瞬きさせるのですが、その時に自然に二重になるんですよね。これは！　と思い、生後8ヶ月くらいまでその方法で顔を拭いていたら、自然とくっきり二重になったんです。もちろん眼球にバイ菌が入らないように、強く点圧しないようにと細心の注意を払ってやっていたのですが、今となってはもうすっかりはっきりと二重になりました。大人の、しかも男性に同じ手法が通用するのか？　はわかりませんが、40代ごろから目の周りの筋力がちょっと弱くなってくるので赤ちゃんガーゼ方式を取り入れてみることをオススメします。もちろん目の周りは大人であってもデリケートに取り扱ってくださいね。

＋α
載せ切れなかった⁉　すぐにでも実行できるワーク2選！

いつまでも女性らしく、輝いていたい！　を保つワーク

自宅の洗面所の鏡をピカピカに磨いてください。

さらに、洗面台の水道の蛇口もピカピカにしてくださいね。

そして、その周りに収納している化粧品や美容グッズを綺麗に整理整頓することをお試しください。

意外と、すっかり忘れていた化粧品や試供品のサンプル、ホテルでもらった歯ブラシ、使う予定のない謎のポーチなど……わんさか出てはきませんか？

実はそれ、全部不要なもののはずなんです。あなたの「いつまでも女性らしく、輝いていたい！」を阻止するアイテムとなってしまっている可能性が高い！

ぜひ、ありがたく処分して自分が綺麗になるためのスペースを確保しておいてくださいね！

宇宙へアピール！　艶を出したい時のワーク

お肌が艶々だと、若々しく見えるだけではなく、宇宙からも注目される存在となること間違いありません。私の魂がこの地球で輝いていますよ！　と、宇宙へアピールするためにもぜひ、艶感をアップさせて欲しいと思います。

そこで、艶感アップの簡単な方法をお伝えしますね。

それは「自分のためにお花を飾る」という方法です。

自分のためだけの生花をチョイスして、一輪だけでも、アレンジでも、自分がよく見る場所に飾ってください。鉢植えのお花ではなく、切り花を自分のために用意して飾ってください。

ママであればキッチンにいる時間が多いと思いますからキッチンのよく目に付く場所に。

お仕事で自宅にいる時間が少ない方は、自宅に帰った時に一番に目に付く玄関に。

あなたが自分のために選んだお花から、あなたにぴったりな艶のエネルギーを与えてもらうことができますよ！

あとがき

最後の最後に、ここでやっと書きますが、
私にとっての「スピリチュアル」に対しての定義というものは、

「魂の成長」

ということだと認識しています。

これはあくまで私の定義であって、他のスピリチュアルな活動をされている方々とは見解が違うこともあるかもしれません。
私たちの肉体も宇宙も、おおよそがダークエネルギーというもので構成されています。
ちょっとしたことでメンタルが闇に覆われることもしばしばあるかと思いますが、これは宇宙の光と闇の比率を考えたら致し方ないことなんですよね。

闇はどうしたって、私たちの多くを占めるのです。

その反面、私たち、宇宙も肉体も残り4・9％は「光」の部分だと言われています。

これぞ、マントル。核の部分。

そうです、魂です。

あなたの魂は、どんな闇に覆われようとも、その内側では光を輝かせているのです。
そして、この光はとても強烈なエネルギーを放っています。
闇に支配されても、光を放ち、闇を塗り替え、何度でも自分を保っていく行為こそが「魂の成長」には欠かせないのです。

だからこそ、あなたは、闇の部分に囚われるのではなく、わずかばかりの光の部分を強く信じることをやめないで欲しいのです。

あなたが「綺麗になりたい！」「かわいくなりたい！」と本気で願う時、幾度となくその思いに対し、闇が訪れるような事象があることでしょう。

それでも、その闇に対し、あなたの内にある眩しいほどの光を照らし続けることをやめなければ、あなたは必ず変わることができるのです。

宇宙も、肉体も、いつだってあなたを応援しています。

「綺麗になりたい」「かわいくなりたい」という目には見えないその気持ちを、目には見えないスピリチュアルな方法で叶えていく、そういうあなたを、見届けていきたい。

そんな思いで、この本を書きました。

私は、10年前に甲状腺の病気を患ったことがきっかけで、言葉が出てこない「失語症」となりました。

だいぶ良くはなったものの、病気になる前のように頭で考えていることを口に出せたり、文章に書いて表したり、ということに時間がかかるようになりました。

それでも、伝えたいことがあったんです。

あなたも、私も、何歳からでも変わることができる！

なりたい理想の姿に、変化することができる！


だから、あなたの内に輝き続ける光を信じ、あなたの行くべき道を、歩んで行って欲しいと、そう願っています。


文章に表すことが得意ではない私が、こういう本を書きたいと願いを放った瞬間に、それをひょいと拾ってくれた株式会社ヒカルランド編集部の伊藤愛子さん。

一度もお逢いできない状態でありながらも、原稿を書き始めることを勧めてくださり、やりとりが進行していく中での、私の病気の発覚。

それでも、私の退院を信じ、待っていてくださったことは本当に励みとなりました。

だからこそ、必ず、復活して出版したいという願いが鮮明になったのです。

いろいろと、急な展開があったので、泣いている暇もありませんでした。

今、こうして「あとがき」を書けていることが、とてもすごいことであり、当たり前ではないということを感じ、味わうように涙が流れていきます。

ひととおり原稿ができた頃、東京に出向き、伊藤さんからイッテル珈琲にお誘いいただき、そこで淹れていただいた珈琲の味は、生涯忘れることができないものとなりました。

イッテル珈琲の後藤さん、美味しい珈琲をありがとうございます。

そして、そこで迎えてくださったヒカルランドの石井社長。

石井社長が編集された一冊の本からのご縁が波紋のごとく拡がっていき、私がイッテル珈琲の門をくぐることに繋がったのです。

「私」という魂は、今回この本を作ることで大きく成長することができたと思っています。

このような機会を与えてくださった、そして、私の夢を救ってくださった、ヒカルランドの伊藤さんと石井社長にたくさんの感謝を感じております。

ありがとうございます！

また、私が主宰するオンラインサロンでのメンバーの皆様にも、出版に向けてたくさんの応援とご協力をいただきました。

皆様が自分のことのように喜んでくださって、そしてまたご自身の夢を持つことに希望を持ってくださいました。

皆様、本当にありがとうございます！


「美和さんなら本が書けるよ！」

と言ってくださったのは、アカシックリーダーの浮船（服部）エリーさんでした。

常に、私を先導してくれる素晴らしきリーダーのエリーさんと、あの日、ホテルの入り口ですれ違った時から、私の全てが変わり始めました。

エリーさん、いつもかわいくいてくださって、ありがとうございます！

エリーさんの紹介で、木暮太一さんと出会い、苦手なことが苦手ではなくなるという経験とたくさんの学びを教えていただきました。

私にとっての「先生」です。

木暮さん、ありがとうございます！

ブスでしかなかった私が、いつの間にか自分ってかわいいんじゃないか？　と思うようになり、たくさんの応援してくれる人々に巡り合うことができました。

そのような人生がまさか、40歳をすぎてから訪れるなんて。

記念すべき46歳の今を撮影してくださった遠藤アスミさん、ありがとうございました！

これからも、もっともっと、魅力的な毎日がやってくること、刺激的な人々にお会いできることを信じております。

あなたもいつからだって、そのチャンスを摑むことができるのです。

あなたの内なる光を輝かすことをどうか忘れないでくださいね！

星野美和

星野美和　ほしの みわ
アカシックリーダー。

マイグレートメンター講師。

仙台市在住。

36歳での高齢＆ハイリスク出産後「橋本病」という甲状腺の病気を患っていることが発覚。

急激に太る、全身からの脱毛、筋力の低下などの症状に悩まされ一時は寝たきりに。

こんな自分を変えたいという強い思いが「アカシックリーディング」との出会いにつながっていく。

スピリチュアルな世界に足を踏み入れたことをきっかけに月商はそれまでの200倍、体調も人間関係も好転。

さらにはそれまでずっとブスだと諦めていた自身の容姿も変化し、いつからか憧れられる存在に。

そのような自身の経験を伝えつつ、全国各地でアカシックリー ダーを育成、誕生させている。

2018年にアカシックリーディング入門講座を開講してから１年４ヶ月で100名超のアカシックリーダーを輩出。

46歳になる現在は「願いを叶え続ける女性を増やしていくこと」に力を注ぎ、願いを叶えたい女性100名を集めるパーティ等、イベント企画も行なっている。

本書が作家デビュー作である。

ブログ
https://ameblo.jp/amourdesoi/

美人予告!
「スピ美容術」でかわいくなる私の方法

第一刷　2021年1月31日

著者　星野美和

発行人　石井健資
発行所　株式会社ヒカルランド
〒162-0821 東京都新宿区津久戸町3-11 TH1ビル6F
電話 03-6265-0852　ファックス 03-6265-0853
http://www.hikaruland.co.jp　info@hikaruland.co.jp
振替　00180-8-496587

本文・カバー・製本　中央精版印刷株式会社
DTP　株式会社キャップス
編集担当　伊藤愛子

ISBN978-4-86471-953-7

voicy

携帯アプリを使う

携帯電話のアプリでラジオを聴く方法

① iOS（iPhone など）は左の QR コード、アンドロイド携帯は右の QR コードから Voicy 専用アプリにアクセスします

App Store からダウンロード　iOS

Google Play で手に入れよう　Android

② 「Voicy」アプリをダウンロード（インストール）します

③ 「イッテルラジオ」で検索すると番組が出てきます
フォローすると更新情報が表示されて視聴しやすくなります

フォローしてくれると
石井社長が
泣いてよろこぶよ

検索バーで
「イッテルラジオ」
を探してみてね

リスナーさんからのコメントや質問も大歓迎! 毎朝8:00に「イッテルラジオ」でお会いしましょう♪

voicy

ヒカルランドのはじめてのラジオ番組がスタートしました!

声のオウンドメディア

voicy（ボイシー）

にて、ヒカルランドの

『イッテルラジオ』

毎朝8:00～絶賛放送中です！

パソコンなどのインターネットか
専用アプリでご視聴いただけます♪

パソコンを使う

インターネットでラジオを聴く方法

①こちらのQRコードか下記のURLからVoicyの『イッテルラジオ』にアクセスします

https://voicy.jp/channel/1184/

②パソコン版Voicyの『イッテルラジオ』につながります。オレンジの再生ボタンをクリックすると本日の放送をご視聴いただけます

★《AWG》癒しと回復「血液ハピハピ」の周波数

**生命の基板にして英知の起源でもあるソマチッドがよろこびはじける周波数を
カラダに入れることで、あなたの免疫力回復のプロセスが超加速します！**

世界12カ国で特許、厚生労働省認可！　日米の医師＆科学者が25年の歳月をかけて、ありとあらゆる疾患に効果がある周波数を特定、治療用に開発された段階的波動発生装置です！　神楽坂ヒカルランドみらくるでは、まずはあなたのカラダの全体環境を整えること！　ここに特化・集中した《多機能対応メニュー》を用意しました。

※180分／24,000円のコースもあります。
※妊娠中・ペースメーカーご使用の方にはご案内できません。

A．血液ハピハピ＆毒素バイバイコース
（AWG コード003・204）　60分／8,000円
B．免疫 POWER UP　バリバリコース
（AWG コード012・305）　60分／8,000円
C．血液ハピハピ&毒素バイバイ&免疫 POWER UP
バリバリコース　120分／16,000円
D．水素吸入器「ハイドロブレス」併用コース
60分／12,000円
E．脳力解放「ブレインオン」併用コース　60分／12,000円
F．AWG プレミアムコース　9回／55,000円　60分／8,000円×9回
※その都度のお支払いもできます。

AWGプレミアムメニュー

１つのコースを一日１コースずつ、９回通っていただき、順番に受けることで身体全体を整えるコースです。２週間～１か月に一度、通っていただくことをおすすめします。

①血液ハピハピ＆毒素バイバイコース　②免疫 POWER UP バリバリコース
③お腹元気コース　④身体中サラサラコース
⑤毒素やっつけコース　⑥老廃物サヨナラコース

★音響免疫チェア《羊水の響き》

**脊髄に羊水の音を響かせて、アンチエイジング！
基礎体温１℃アップで体調不良を吹き飛ばす！
細胞を活性化し、血管の若返りをはかりましょう！**

特許1000以上、天才・西堀貞夫氏がその発明人生の中で最も心血を注ぎ込んでいるのがこの音響免疫チェア。その夢は世界中のシアターにこの椅子を設置して、エンターテインメントの中であらゆる病い／不調を一掃すること。椅子に内蔵されたストロー状のファイバーが、羊水の中で胎児が音を聞くのと同じ状態をつくりだすのです！　西堀貞夫氏の特製 CD による羊水体験をどうぞお楽しみください。

A．自然音Ａコース「胎児の心音」　60分／10,000円
B．自然音Ｂコース「大海原」　60分／10,000円
C．「胎児の心音」「大海原」　120分／20,000円

神楽坂ヒカルランド
みらくる
Shopping & Healing

神楽坂《みらくる波動》宣言！

神楽坂ヒカルランド「みらくる Shopping & Healing」では、触覚、聴覚、視覚、嗅（きゅう）覚、味覚の五感を研ぎすませることで、健康なシックスセンスの波動へとあなたを導く、これまでにないホリスティックなセルフヒーリングのサロンを目指しています。ヒーリングは総合芸術です。あなたも一緒にヒーリングアーティストになっていきましょう。

★ TimeWaver《タイムウェーバー》

時間も空間も越えて、先の可能性が見える！
多次元量子フィールドへアクセス、新たな未来で成功していく指針を導きだします。

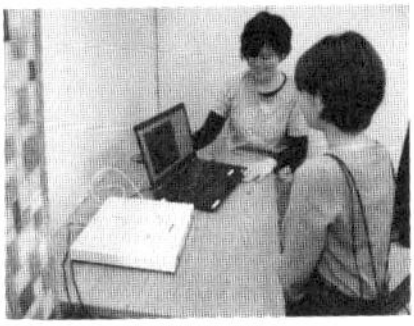

空間と時間を超越したヒーリングマシン「TimeWaver」は、抱えている問題に対して、瞬時に最適な指針を導き出します。タイムマシンの原理を応用し12次元レベルから見た情報を分析。肉体的なレベルだけではなく、チャクラや経絡、カルマ、DNA、遺伝的な要因など広い範囲にわたる情報フィールドにアクセスし、問題の原因を見つけます。「目標に対しての戦略エネルギー」、「ご自身や周りにいる人々のマインドエネルギー」などを分析し、最も効率よく最大限の成功へと導く道標を示し、さらに時空からその成功をサポート。すごい時代になりました！

初回 60分／35,000円　　2回目以降 60分／25,000円

ご来店

事前にご自身がお一人で写っている顔写真の画像と、生年月日などのデータをお送りいただきます。特に体に何かつける、横になるなどはなく、オペレーターと画面を見ながらセッションを進めていきます。

遠隔セッション

TimeWaver がアクセスするのは、量子フィールド。お一人で写っているご自身の顔写真と生年月日などの情報があれば、アプリや、お電話などでの遠隔セッションが可能です。プライベートなお話のできる静かな場所で、椅子などにゆっくり座りながらお受けください。

★植物の高波動エネルギー《ブルーライト》

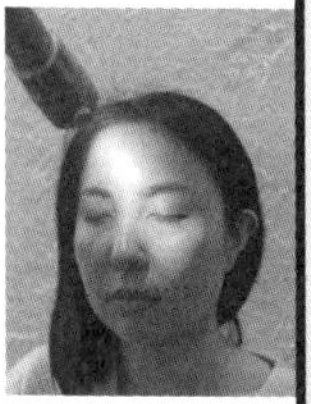

高波動の植物の抽出液を通したライトを頭頂部などに照射。抽出液は13種類、身体に良いもの、感情面に良いもの、若返り、美顔……など用途に合わせてお選びいただけます。より健康になりたい方、心身の周波数や振動数を上げたい方にピッタリ！

A．健康コース　7か所　10〜15分／3,000円
B．メンタルコース　7か所　10〜15分／3,000円
C．健康＋メンタルコース　15〜20分／5,000円
D．ナノライト（ブルーライト）使い放題コース　30分／10,000円

★ソマチッド《見てみたい》コース

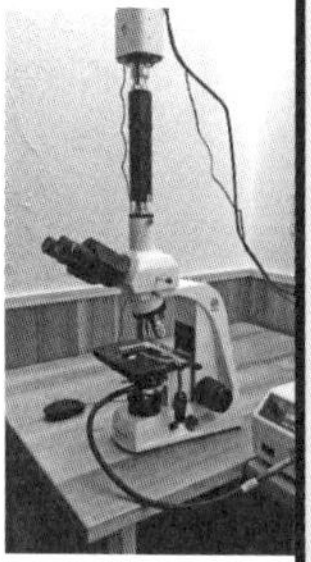

あなたの中で天の川のごとく光り輝く「ソマチッド」を暗視野顕微鏡を使って最高クオリティの画像で見ることができます。自分という生命体の神秘をぜひ一度見てみましょう！

A．ワンみらくる　1回／1,500円（5,000円以上の波動機器セラピーをご利用の方のみ）
B．ツーみらくる（ソマチッドの様子を、施術前後で比較できます）2回／3,000円（5,000円以上の波動機器セラピーをご利用の方のみ）
C．とにかくソマチッド　1回／3,000円（ソマチッド観察のみ、波動機器セラピーなし）

★脳活性《ブレインオン》

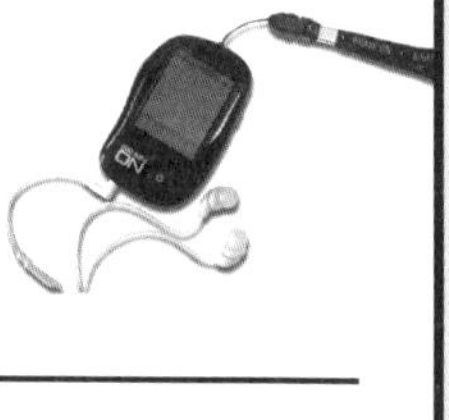

聞き流すだけで脳の活動が活性化し、あらゆる脳トラブルの予防・回避が期待できます。集中力アップやストレス解消、リラックス効果も抜群。緊張した脳がほぐれる感覚があるので、AWG との併用がおすすめです！

30分／2,000円
脳力解放「ブレインオン」AWG 併用コース
60分／12,000円

★激痛！ デバイス《ドルフィン》

長年の気になる痛み、手放せない身体の不調…たったひとつの古傷が気のエネルギーの流れを阻害しているせいかもしれません。他とは全く違うアプローチで身体に氣を流すことにより、体調は一気に復活しますが、痛いです！！！

A．エネルギー修復コース 60分／15,000円
B．体験コース 30分／5,000円

★量子スキャン＆量子セラピー《メタトロン》

あなたのカラダの中をDNAレベルまで調査スキャニングできる
量子エントロピー理論で作られた最先端の治療器！

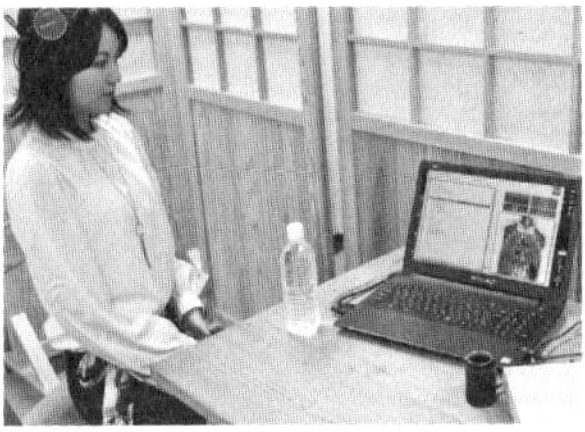

筋肉、骨格、内臓、血液、細胞、染色体など——あなたの優良部位、不調部位がパソコン画面にカラーで６段階表示され、ひと目でわかります。セラピー波動を不調部位にかけることで、その場での修復が可能！
宇宙飛行士のためにロシアで開発されたこのメタトロンは、すでに日本でも進歩的な医師80人以上が診断と治癒のために導入しています。
A．B．ともに「セラピー」「あなたに合う／合わない食べ物・鉱石アドバイス」「あなただけの波動転写水」付き

A．「量子スキャンコース」　60分／10,000円
あなたのカラダをスキャンして今の健康状態をバッチリ６段階表示。気になる数か所へのミニ量子セラピー付き。
B．「量子セラピーコース」
120分／20,000円
あなたのカラダをスキャン後、全自動で全身の量子セラピーを行います。60分コースと違い、のんびりとリクライニングチェアで寝たまま行います。眠ってしまってもセラピーは行われます。

★脳活性《ブレイン・パワー・トレーナー》

脳力UP＆脳活性、視力向上にと定番のブレイン・パワー・トレーナーに、新メニュー、スピリチュアル能力開発コース「0.5Hz」が登場！　0.5Hzは、熟睡もしくは昏睡状態のときにしか出ないδ（デルタ）波の領域です。「高次元へアクセスできる」「松果体が進化、活性に適している」などと言われています。

Aのみ　15分／3,000円　　B～F　30分／3,000円
AWG、羊水、メタトロンのいずれか（5,000円以上）と同じ日に受ける場合は、2,000円

A．「0.5Hz」スピリチュアル能力開発コース
B．「6Hz」ひらめき、自然治癒力アップコース
C．「8Hz」地球と同化し、幸福感にひたるコース
D．「10Hz」ストレス解消コース
E．「13Hz」集中力アップコース
F．「151Hz」目の疲れスッキリコース

電磁波ブロッカー MAX mini（マックスミニ）α

販売価格　2,970円（税込）

「MAX mini α」は「丸山式コイル」の技術を活かして生まれた、パソコン、携帯電話、スマートフォンなどの電磁波を軽減するシートです。「丸山式コイル」でおなじみの銅線をダビンチの図形を基に平面化して、電磁波を軽減します。磁場は16.7%、電場は13.0%、マイクロ波は8.3%という電磁波逓減率。これ以上電磁波をカットすると音声が聞こえなくなる可能性があるギリギリのレベルまで低減されています。●内容：1枚（43×45㎜）、保護透明フィルム×2枚（50×50㎜）

電磁波ブロッカー MAX mini（マックスミニ）V

販売価格　5,280円（税込）

おなじみの「丸山式コイル」の技術を活かして生まれた、電磁波シート「MAX mini」が家電用サイズで登場です。従来の「MAX mini α」に使われているシートの図形と、それを反転させた図形を用いることで、より優れた電磁波処理の効果が期待できます。テレビ、電子レンジ、冷蔵庫、IH調理器具などに貼って、電磁波カットにお使いください。もちろん携帯・スマートフォンにもお使いいただけます。●内容：1枚（20×102㎜）、保護透明フィルム×2枚（40×120㎜）

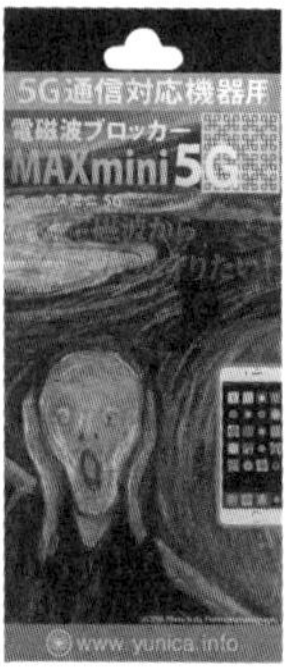

電磁波ブロッカー MAX mini（マックスミニ）5G

販売価格　3,850円（税込）

2020年よりサービスが開始された、第五世代通信システム（5G）の強力な電磁波に対応できるタイプが登場。特殊なフラクタルパターンの銅線基盤が通信機器から高周波の電磁波を受けると、その電磁波を基盤周辺へ拡散させると同時に中心部にも集中させ、双方の作用により打ち消す仕組みとなっています。スマホやパソコン、Wi-Fiルーターに貼って、これまで以上の脅威となる5G電磁波対策にお役立てください。●内容：1枚（43×45㎜）、保護透明フィルム×2枚（50×50㎜）

ヒカルランドパーク取扱い商品に関するお問い合わせ等は
メール：info@hikarulandpark.jp　URL：http://www.hikaruland.co.jp/
03-5225-2671（平日10-17時）

＊ご案内の価格、その他情報は発行日時点のものとなります。

本といっしょに楽しむ ハピハピ♥ Goods&Life ヒカルランド

丸山式地磁気＆電磁波対策グッズ
独自の治療が話題の丸山修寛医師の逸品

地磁気ブレスレット アビリスブレインアップ

販売価格　6,160円（税込）

鉄筋コンクリートのビルに囲まれた生活で地磁気不足に陥っている現代人に、地磁気を供給してくれるブレスレット。これをつけて前頭前野（右脳や左脳）の血流を測ると、脳血流が増えたという研究結果も。脳血流が増えると、学習効果向上や物忘れ防止の効果があるそう。手首には、体の機能や免疫の働きを調節するつぼがたくさんあるので、手首にこのブレスレットをすると健康維持に。

●サイズ：S（17㎝）、M（18.5㎝）、L（19.5㎝）、LL（21㎝）

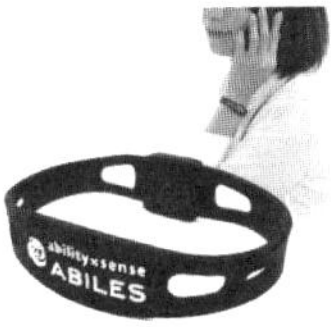

アビリスプラス ブレスレット

販売価格　6,160円（税込）

「アビリスプラス」は、人間本来の能力に働きかける最先端のテクノロジーと特許技術「丸山式コイル」がコラボレーションしたブレスレットタイプです。心身のバランスを整え、集中力が必要な場面でも最大限の力を引き出します。シリコン製で伸縮性があり運動の際に邪魔にならないので、プロスポーツ選手にも愛用されています。●カラー：ホワイト、ブラック　●サイズ：S（17㎝）、M（18㎝）、L（19㎝）、LL（20㎝）

アビリスプラス ネックレス　販売価格　6,160円（税込）

一日に150人以上の診療を行う丸山修寛先生が生み出した「丸山式コイル」は、電磁波を良いエネルギーへと変えます。そのコイルが入ったネックレスを下げていると、肩や首の重たい感覚がスッキリとしていきます。運動の際の装着はもちろん、日常生活防水なので入浴中にもお使いいただけます。●カラー：ホワイト、ブラック　●サイズ：S（44㎝）、L（51㎝）

丸山式コイル ブラックアイ

販売価格　4,400円（税込）

「丸山式コイル」は、人工電磁波を取り込んで中和する銅線コイル（特許技術）と炭の働きによって、静電気の影響を軽減し、電磁波を良いエネルギーへと変えるコイルです。コリを和らげるだけではなく、本来の力を引き出します。コイルは半永久的に使用可。誰でもいつでも簡単にお使いいただけます！　●内容：６個入り、貼付シール30枚入り　●サイズ：直径13㎜×厚さ1.6㎜（貼付シールは直径23㎜）

は三次元であり、「生命の樹」を三次元化した「３Ｄカバラ」が正しい姿・形なのです。

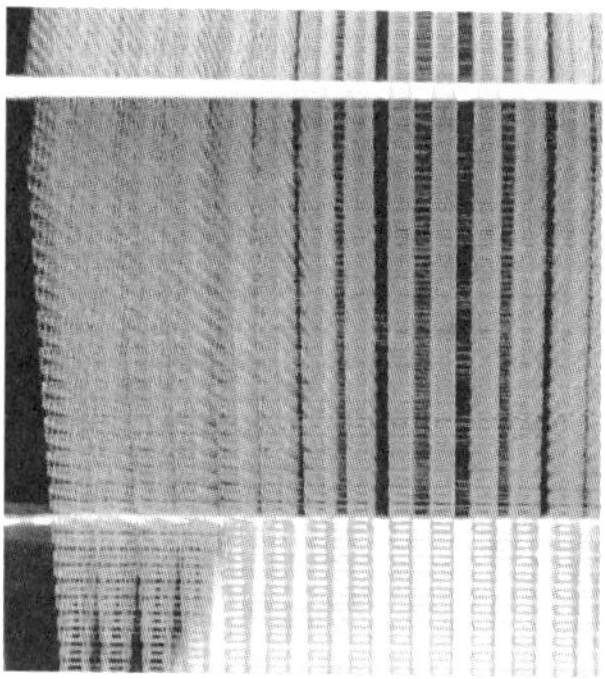

「ダ・ヴィンチキューブ メサイア」は、立体である生命の樹「３Ｄカバラ」をクリスタルガラスの中で完全に再現しました。ゆがみのない正しい状態の３Ｄカバラを身にまとったり、空間を共にしたりすることで、私たちが持つグリッドは正常な状態に調整されます。

つまり、「気」「プラーナ」を十分に受け取ることが可能になるのです。

不調の改善や活力アップなど肉体面の向上はもちろんのこと、「３Ｄカバラ」には経済、思想、創造など人間活動のすべての面を司る力さえあると言われますので、直感力や想像力のアップなど精神面の向上、さらには運気の引き寄せまで期待できます。

開発者 丸山修寛医師

1958年兵庫県生まれ。医学博士。医師として活動し、独立後は東洋医学・西洋医学に加え、電磁波除去療法、波動療法などに貪欲に取り組む。その成果はサプリメントから電磁波グッズなど、様々なグッズの開発に及ぶ。さらに、カタカムナ文字をはじめとした神代文字の存在を知り、ミスマルノタマと呼ばれる余剰次元から開いた見えざるエネルギー球体が、宇宙からの素粒子を一瞬で集めて体の不調などに働くことを発見。自身の治療にカタカムナを積極的に取り入れ、様々なカタカムナグッズの開発も行う。「自分だけの喜びは、どんなにがんばってもたかが一人分。他人も幸せにすれば、喜びも自分の分もプラス人数分になる。そうすれば無限大まで喜べる」をモットーに日々の治療や研究に余念がない。

＊ご案内の価格、その他情報は発行日時点のものとなります。

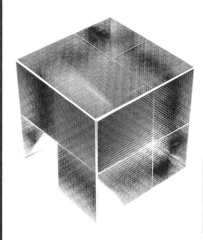

ヒカルランド　好評既刊！

地上の星☆ヒカルランド　銀河より届く愛と叡智の宅配便

野草を宝物に
えっ?!　松って飲めるんですか？
著者：小釣はるよ
四六ソフト　本体 1,800円+税

野草マイスターのゆる魔女レシピ
雑草が宝物に変わる魔法
著者：小釣はるよ&儀賀玲子
四六ソフト　本体 2,000円+税